◎ 漫漫经典情丛书·自然卷

安然 安在

陈艳敏 著

天津出版传媒集团

天津教育出版社

图书在版编目（CIP）数据

漫漫经典情. 自然卷：安然，安在 / 陈艳敏著. -- 天津：天津教育出版社，2020.1
ISBN 978-7-5309-8240-2

Ⅰ.①漫… Ⅱ.①陈… Ⅲ.①读书笔记-中国-现代 Ⅳ.①G792

中国版本图书馆CIP数据核字（2018）第301686号

漫漫经典情——自然卷：安然，安在
MANMANJINGDIANQING——ZIRANJUAN: ANRAN ANZAI

出 版 人	黄 沛
作 者	陈艳敏
选题策划	齐 力
责任编辑	齐 力
装帧设计	郭亚非
出版发行	天津出版传媒集团
	天津教育出版社
	天津市和平区西康路35号 邮政编码 300051
	http://www.tjeph.com.cn
经 销	新华书店
印 刷	北京楠萍印刷有限公司
版 次	2020年1月第1版
印 次	2020年1月第1次印刷
规 格	16开（787毫米×1092毫米）
字 数	130千字
印 张	12.5
定 价	49.80元

书香溢远，经典常新
——"漫漫经典情"丛书自序

阅读是我生活不可缺少的一部分。安静的桌前，古老的树下，忙里偷闲的间歇，流动的舟车之上，随时随地都是阅读的好时光。边读边想边记，跨越时空与大家、圣贤作奇妙的对话，推动不曾开启的门窗，探询崭新的天地，洞见不同的境界，陷入深思或遁入回想，观照自身或打量世界，于我都是无比幸福的事。由此内心安静从容，常怀欢喜。

我并不知道那是一种怎样的驱使，每天醒来第一件事直奔书桌，伴着窗外小鸟的歌唱埋头读书，或者写字，被一种莫名的力量牵引着，激发着。包里也是常年揣着本书，茶余饭后，随时随地利用貌似不多但却常在的"零碎时间"，遨游于书本构筑的奇异世界，敞亮、开阔而又通透。

书本一页一页地翻开，文字也在一日一日地累积。承蒙天津教育出版社的美意，将其编为"漫漫经典情"系列（《哲学卷：觉知，觉醒》《自然卷：安然，安在》《艺术卷：美轮，美奂》《文学卷：且行，且歌》），如此迄今为止我个人出版的读书随笔集就有十册了。那是时间的见证、美好的回忆，也是生命的副本。与书本感应、共鸣和探讨激辩的无数个刹那，

自然卷：安然，安在

唤起了自我内在生命的真实回响。我们是在读书，也是在读我们自己。我们走了很远，我们又始终不曾离开。

我所读的这些书籍，有些被称作经典，也有一些存在争议，但开卷有益，对我而言，这些作品或多或少都洋溢着经典的精神与气息。经典通常是经过了时间淘洗的传世之作，而眼下浩瀚的典籍中亦不乏经典，美好的事物都带着经典的气质。文学评论家吴义勤先生倡导"中国当代文学经典化"，他在接受《中华读书报》采访时指出，经典的产生要等待历史的淘洗，这个命题很可怀疑，由此他号召当代文艺理论家要在经典的发现和创造方面有所作为。我对这号召拳拳服膺，却自知浅陋，不可能为这伟业有什么贡献。然而作为一个阅读者，把自己读过、喜欢、有所心得的书籍列出来，和大家分享，或许会在我们呼唤经典的进程中发些微光吧？歌德在其《谈话录》中谈及阅读，并不一味地迷信经典，而是强调经典气质的同等重要。在他看来，无论你读的是什么，关键是你吸取了什么，那里面"有什么光能照亮你"。作为一名嗜书的读者，我自然也有自己心目中的经典，它超越了时间、时代、国度，以超然的视角、眼光、格局关怀着人类的命运，表达着独特的洞见，承载着世间的真善美，给人以深刻的启迪、无尽的思索，或以悲悯、素朴的情怀与情感，发现并捕捉着平凡之中的伟大与不平凡，播撒人性的光辉，呈现耀眼的光泽与质地，给人以恒久的信心、温暖和希望。"漫漫经典情"丛书致敬经典，在读物的选取上不存偏见，所选不仅有中外优秀古籍，还有现当代上乘之作，从大量作品中尽力采集光亮，吸收善美，照亮自我乃至他人的心灵，让世界更明净，让灵魂更清澈，让光和美永存人间。

阅读需要契机，时光需要浸润，这四本集子的诞生也非一日促成。机缘的巧合，时光的砥砺，生命的融入，满怀的真情与真意，伴随着读与写的从容光阴散布于生活的每一天。文学、艺术、哲学、自然，我热衷并亲近的四个领域。在书稿结集之时，相关作品自然而然地归为四个集子。

《哲学卷：觉知，觉醒》以人生、哲学思考为主题和主线，通过对老子、庄子、列子、孔子、爱比克泰德、马可·奥勒留·安东尼、西塞罗、苏格拉底、柏拉图、叔本华、列夫·托尔斯泰等中外哲学大家、思想家和优秀典籍的解读与对话，探究生命的本质，追索生命的意义，关注爱、幸福、欢乐以及生死等人生哲学问题，试图呈现不同时代、不同国度、不同民族、不同个体的哲学观念、哲学视角、人生智慧和人生角度，同时加入自身思考与体悟，探索深邃宽广的哲学世界。

《自然卷：安然，安在》以自然、生命、自我为主题和主线，通过对爱默生、梭罗、让-雅克·卢梭、亨利·贝斯顿、费伦茨·马特、玛丽·奥斯汀、玛丽·拉塞尔·米特福德、奥尔森、彼得·梅尔、乔治·吉辛、杰米娅·勒克莱齐奥、J.M.G.勒克莱齐奥、纪德、高更、赵园、鲍尔吉·原野等中外知名作家、学者、艺术家散文经典的欣赏与领略，表达对于自然、生命、自我的思考，探究人生、生命真谛，传递文化、人文之美。

《艺术卷：美轮，美奂》以艺术为主题和主线，聚焦美术、音乐、戏剧、展览等重要艺术领域的辉煌成果和优秀典籍，通过对罗曼·罗兰、罗斯金、丹纳、朱光潜、黄永玉、吴藕汀、蒋勋等中外知名作家、艺术家散文经典的阅读与赏析，领略米开朗基罗、梵·高、莫奈、德加、达·芬奇、贝多芬、杜尚、达利，以及张大千、潘天寿、刘海粟、徐悲鸿、齐白石等中外艺术大师的艺术思想和艺术造诣，认识、欣赏世界优秀文化的珍贵遗存，感受丰富瑰丽的艺术魅力。

《文学卷：且行，且歌》以文学为主题和主线，通过对沈从文、汪曾祺、陈建功、王安忆、冯骥才、张炜、陈丹燕、赵园、木心、罗曼·罗兰、劳伦斯、尼采、大江健三郎、村上春树等中外知名作家、学者散文经典的感知与感悟，沉浸于文学的纯美境界。

书香溢远，经典常新。这些日复一日随手记下的心得和笔记原本是用于自己学习的，在采撷光亮、萃取精华的过程中，它潜移默化地影响我感染我滋养我，使我时时地感到生命的更新和自身的成长。今天，有机会将自己的"独家收藏"拿出来，与更多的朋友交流与分享，体验阅读之美、成长之乐，于我是一件愉快的事。开卷有益。愿您和我一样，在打开书本的刹那，或多或少能够从中受益。

陈艳敏

目　录

第一辑　回到最质朴的所在

　　我们创造了文明，又被文明束缚着；我们建造了城市，又被城市禁锢着；我们建立了规则，又将自己框定在无尽的规则之中，成为毫无生机和活力的庸庸碌碌的一个人……当我们如此地走了很远，于某一个静下来的时刻，我们是否应该回首和反思？是否应该为人生设想另一种生活的方式和可能性？

回到最质朴的所在
　　——读费伦茨·马特《托斯卡纳的智慧》　/ 3
跟随内心的声音
　　——读让-雅克·卢梭《一个孤独漫步者的遐想》/ 9
此心安处
　　——读梭罗《梭罗日记》/ 15
停下来，听听他的呼喊
　　——读梭罗《远行》/ 20

自然卷：安然，安在

褪尽世间浮华，回归自然本心
　　——读拉尔夫·瓦尔多·爱默生《论自然》/ 26
海边，无声的观照
　　——读亨利·贝斯顿《遥远的房屋》/ 30
回归荒野，拥抱自然
　　——读程虹《宁静无价》/ 35
天籁的歌音
　　——读约翰·伯勒斯《醒来的森林》/ 41
诗意的交响
　　——读约翰·缪尔《夏日走过山间》/ 46
听候自然的召唤
　　——读约翰·缪尔《墨西哥湾千里徒步行》/ 53
找到自己开花的土壤
　　——读玛丽·拉塞尔·米特福德《我们的村庄》/ 56
于荒芜中绽放诗意
　　——读玛丽·奥斯汀、梭罗《少雨的土地·漫步》/ 60
无有所碍，无有所限
　　——读玛丽·奥斯汀《无界之地》/ 65
接通远古，回到原点
　　——读西格德·F.奥尔森《低吟的荒野》/ 69
安然，安在
　　——读彼得·梅尔《普罗旺斯的一年》/ 74

生命因应，四季轮回
　　——读乔治·吉辛《四季随笔》/ 79
开悟的旅程
　　——读杰米娅·勒克莱齐奥、
　　　J.M.G. 勒克莱齐奥《逐云而居》/ 90
为幸福来到世间
　　——读纪德《人间食粮》/ 94
回到艺术，这最恰当的归宿
　　——读保罗·高更《生命的热情何在》/ 105
楼顶，那方诗意的乐土
　　——读海伦·芭布丝《我的花园、
　　　我的城市和我》 / 108

第二辑　徘徊，于寻梦的路上

　　　　让我们也慢下脚步吧，无须奔跑，无须追逐，生命本身就是一场欢喜和庆祝，就是一场盛开与绽放。在此时，在此地，在这一尘不染的瞬间，让我们聆听花开的声音……

与日月对话，与草木为伍
　　——读鲍尔吉·原野《草木山河》 / 115

自然卷：安然，安在

与天地直面相见
　　——读鲍尔吉·原野《从天空到大地》/ 119
向内的寻找
　　——读杨献平《在沙漠》/ 126
园，人类精神的依傍
　　——读陈子善、蔡翔主编《园》/ 131
面朝大海，春暖花开
　　——读陈子善、蔡翔主编《海》/ 136
家的记忆，生命的河
　　——读陈子善、蔡翔主编《河》/ 140
来这里，邂逅一场花事
　　——读沈胜衣《行旅花木》/ 144
跟随自我的秉性
　　——读周国平《偶尔远行》/ 148
一边行走，一边思索
　　——读刘再复《四海行吟》/ 153
在澳洲，在中国
　　——读蔡成《一个人的澳洲》/ 155
无名恬淡，我自风流
　　——读袁宇澄《枫言枫语》/ 160
徘徊，于寻梦的路上
　　——读雪莉《印象加拿大》/ 164

让心灵接近"诗意"
　　——读陈瑞琳《家住墨西哥湾》/ 167
自在的行旅
　　——读詹宏志《旅行与读书》/ 171
给未来，留下些动人的故事
　　——读齐如山《北平杂记》/ 177
北京，我爱的城
　　——读赵园《北京：城与人》 / 182

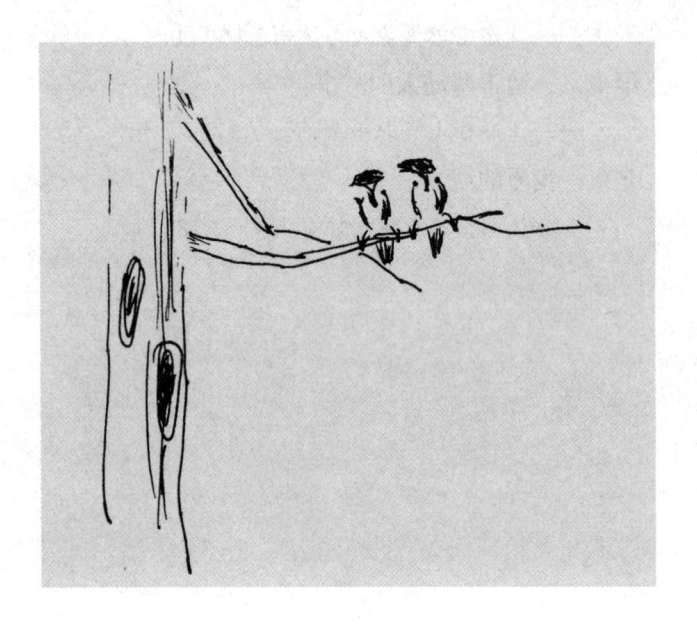

第一辑

回到最质朴的所在

我们创造了文明,又被文明束缚着;我们建造了城市,又被城市禁锢着;我们建立了规则,又将自己框定在无尽的规则之中,成为毫无生机和活力的庸庸碌碌的一个人……当我们如此地走了很远,于某一个静下来的时刻,我们是否应该回首和反思?是否应该为人生设想另一种生活的方式和可能性?

回到最质朴的所在
——读费伦茨·马特《托斯卡纳的智慧》

我们创造了文明,又被文明束缚着;我们建造了城市,又被城市禁锢着;我们建立了规则,又将自己框定在无尽的规则之中,成为毫无生机和活力的庸庸碌碌的一个人……当我们如此地走了很远,于某一个静下来的时刻,我们是否应该回首和反思?是否应该为人生设想另一种生活的方式和可能性?就如费伦茨·马特当初回到托斯卡纳,在一片贴近心灵的新鲜土壤中体会生命的愉悦和新一轮的成长。

"形象地说,我们好比生活在一艘虽然豪华却危机四伏的大型游轮上。没有朋友和知己,更没有推心置腹的倾诉和交谈对象,连食物和葡萄酒也变得淡而无味。"费伦茨·马特描述的现代生活是形象而贴切的,身在其中的我们正在经历这样的无奈。难以想象,每天"朝九晚五"打卡上班的我们被剥夺了多少自由,荒废了多少时光!而我们花费了大把时间所从事的,又有多少是我们倾注了生命去热爱的?除了物质和生存的意义，它又带给了我们多少精神的滋养和享受？与我们的内心究竟又有着几分内在的维系？然而，出于潜在安全感或其他现实的考虑，我们之中的很多人依然选择了稳定，选择了按部就班，选择了被束缚和不敢轻易放弃。在费伦茨·马特看来，为了一个稳定的职业目标几乎放弃了其他一切的东西，错过了其他一切的机会和可能是可怜和残忍的。"生活过得去，找到心爱的人，有几位好友，致力成为最明智、最友善、最诙谐、最有创造力的人，实现这样的生活，原本并不是一件很难办到的事情。而如今，非要舍本求末地倾注所有的时间和精力去训练，以寻找和抓住一份稳定的工作。这不仅是本末倒置，简直是荒唐。"但毕竟人类已经走得太远了，不是人人都能潇洒地走向回归的路途。有些人抱怨着，触摸着内在的孤独和反叛，却仍然将自己安置在一台按规则运转、不容改变的大机器当中。

而"同样糟糕的是，各项服务和娱乐活动都需要每次付费"，大多数情况下，我们很少了解我们的邻居，同事之间也是泛泛之交，甚至连亲朋挚友间的交往也要纳入日程计划排序等候。当有人需要别人帮助时，例如照看小孩、修理门窗，或只是想倾诉苦衷，都要花钱解决。"总之，凡是需要从任何人那儿得到任何东西都必须花钱……当我们以金钱价值观看待世界时，人们为了满足生活中的需要而变得焦虑、浮躁、多疑乃至处处设防，就不足为奇了。"费伦茨·马特说："在'每一口空气都要付费'的文化里，钱包是生命延续的保障。"这是一个令人无奈和气馁的事实。全民皆商的时代，一切都用交易来衡量和完成，被物化了的世界正在一点点地丧失着温度，真情、友谊、心灵、精神、人类无私的关怀和互助，在今天都成了奢侈品。为金钱所累的人们仿佛跋涉在无边的荒漠中，即使感受到内在的荒凉与孤独，却仍然行走在路上。

　　以至于当有一日蓦然回首之时，我们发现我们已经背离了很多宝贵的东西，背离了简单质朴的生命本来面目。我们设置了很多繁文缛节和条条框框，这些东西已成为既定的成见束缚着我们自己；我们用许多"文明"的观念规范着我们自身，在"文明"的框架中，随波逐流的人们似乎并没有仔细去想其中的理念和细节是不是真的英明和适宜；我们在高科技构建的虚拟空间里过着逼真、高效的生活，然而费伦茨·马特却说："当一个人拥有真实的朋友时，虚构的人际关系就会悄然失去光彩……他们知道，即使在脸书（facebook）上有100个最好的朋友，也不如在你需要时出现在身边的唯一的一个朋友。他们明白，如果生活在虚拟世界中，就会忽视身边的现实，把注意力、关怀、情感浪费在那些对你的生活毫无影响的人身上，就会失去与真心爱你并需要你爱的人相处的宝贵时光。"关于都市的虚饰与奢侈，他如此描述："都市生活意味着有很多服装，我们当中的大多数人宁愿裸体，也不愿意连续两天穿同一件衣服。就像汽车一样，我们的衣服不是因为穿破了被丢弃，而是因为已经过时了，这真是可笑至极。"

　　随着文明的演进，人类附加给自己的绳索的确越来越多了，世界也变得日益复杂，不再是简单明快的调子。人们身处其中而不自知，恐怕已经不知道轻装上阵是一番怎样的境界，鲜活诗意的人生更无从谈起。

厌倦了这一切，所以费伦茨·马特在经历了大半生欧洲和北美的都市生活之后，选择了托斯卡纳。这个宁静的意大利小镇在他60岁之际以及此后的20多年中无意间带给了他诗意的回归。他将家安在那里，从此再也离不开那个地方。在那里，他找到了生命的联结和心灵的平静，找到了爱和温暖，看到了生命原本的模样。那是在大都市中不易找到的。"每一次回到意大利，都会深深地呼吸着那里的清新空气。驱车行驶在沿海的山间，心旷神怡。当我看到大理石教堂的塔尖，开车转向离我家一英里远的泥土路时，经过巴托米尼的家，然后是卡斯泰利和玛丽娜的家，我乐不可言，我终于又回到思念中的社区、思念中的家。"

不同于都市的喧嚣和异化，托斯卡纳的生活更接近人类原始的本真，更接近人们内在祈求的幸福。在那里，他由衷感叹："日常生活的彼此相爱，简单事情奏出的谐音，每天的感恩和赞美，别人给予你的快乐和我们能给别人的快乐——这样的生活才是其乐无穷啊！"在那里，他全然忘记了都市的疯狂，忘记了伦敦、纽约和华尔街。"华尔街的疯狂，就像温水效应一样慢慢地煎熬着，把人们置于一个充满危机而无力自拔的社会。将来会怎样？事情还会如何变化？现今的生活是如此浮躁，以至于我们无暇去关爱，去交往，也听不到老祖母在前门廊的谆谆教诲了。那种纯朴而美好的时光，仿佛离我们越来越远了。"然而在托斯卡纳,梦想和记忆中的一切仿佛又回来了。"在你周围,无数人关心着你,你会因此而更满足、更放松、更愉悦。尽管有时难免会感到疲惫,但你更多地却是感受到'幸福'。"

托斯卡纳的人们不紧不慢地生活着,因为每一个时刻都是美好的,不用急于得到更好的东西。"每天清晨起来是在大自然的农场里,而不是在充满人造物质的市郊或是公寓的小单元里;是在丘陵树丛中看日出,而不是在高高的水泥建筑物内面面相觑;是走在宁静、溅起露珠的泥土路上,而不是驱车在拥堵不堪、寸步难行的公路上;是呼吸着黎明的新鲜空气,而不是被烟尘废气憋得透不过气来;是仰望湛蓝的天空,而不是蜗居在低矮压抑的天花板下;是每天漫步在阳光明媚的山冈丘陵,每一次呼吸都有清新的氧气沁人心脾,而不是在一个罐头般的盒子里呼吸着封闭循环的空气。与冷漠无情、半死不活的城市生活相比,在托斯卡纳的农场里铲猪屎真的就是在天堂了。"

他享受着乡村的天堂。在那里,人们的幸福、无忧和平和并非建立在乌托邦似的幻想之上。免费医疗等完善的基本保障带给他们的除了安全感,还有有尊严的生活。在基本的保障得到满足之后,他们懂得取舍和有节制地生活,在他们的血液和惯性思维中便没有了贪婪和占有欲。"托斯卡纳人的非凡之处,不仅在于他们懂得该拥有什么东西,还在于他们懂得该舍弃什么东西。"他们不像生活在现代都市的人们,为了拥有更好的汽车,为了占有更大的房子而不顾一切。不,他们从不这样。然而，谁说费伦茨·马特的评论毫无道理呢？他说："巨大的房子就像巨大的汽车一样，是一种文化蜕变的征兆。这种文化已经背离了普通常识，失去了理性。"我们不顾一切地追求奢侈，贪图享乐，而这一切真的能给我们带来本质的幸福和满足吗？在适当的时候，我们是否应该认真反思呢？费伦茨·马特则直接告诫我们："痴迷于财富者，终将与财富同归于尽。"他说："任何时候，停下来，和朋友一起喝一杯葡萄酒，总是适宜的。"是的，也许，这才叫生活。文明的生活，不能缺乏柔软的时光。

　　在托斯卡纳，人们日常享用的食物里都带着关怀和爱意，他们认真经营，从不苟且。"爱能带来爱，关心能带来关心，品质能带来品质，直到变成一种文化基础。人们从不草率做事，因为他们根本没有这样做的意识。当品质渗透到一种文化之中，追求品质就变成了一种条件反射，变成一种不可取代的生活方式。"

　　托斯卡纳承载了费伦茨·马特的理想，也勾起了我内心无限的向往。费伦茨·马特说得对："作为人类而感到自豪的，应该是不失时机地去营造托斯卡纳式的仁爱、宽容、和谐的文化氛围。"我们应该回到贴近心灵的最质朴最愉悦最富有生机的所在。

　　（《托斯卡纳的智慧》，费伦茨·马特著，殷立新、陈建国译，北京出版社，2015年5月第1版第1次印刷）

2016年9月23日

跟随内心的声音

——读让-雅克·卢梭《一个孤独漫步者的遐想》

一

躲在僻静的一隅，读卢梭《一个孤独漫步者的遐想》，内心获得了由衷的欢喜，升起了向上的情绪，回家的路上发微信："抓紧了每一分、每一秒，时间还是不够，因为一切太精彩……"感谢上苍的恩赐，阅读总是带给我无限的喜悦。

孤独敏感、崇尚自由的卢梭在这本书里逃离了浮华伪善的上流社会和凄苦不安的现实人生。他离群索居，将自己安置在安纳湖中央的圣皮埃尔岛上。在回归自我、亲近自然的那一刻，他获得了全然的平静与安详，展露出发自内心的微笑，体味到源自生命深处前所未有的幸福。向内的发掘，使他邂逅了无穷的欢乐，找到了隐含着幸福秘密的宝藏。他找到了打开这宝藏的密码，幸福和快乐源源不断地流淌而出。他陶醉于这样的光景，忘却了一切忧伤，给生命掀开崭新的一页。

　　而在此之前，作为一个作家，他的书写曾给他带来许多麻烦。他曾以自我的内在坚持，与周边的人和事进行痛苦的抗争。他曾经竭尽全力地自我辩白，不顾一切地据理力争。然而在强大的世俗功利面前，他的声音始终是微弱的，他本人也终究是寡不敌众的。这正如让·科克多所说："卢梭犯下了最不谨慎的错误。他将自己的整个生命公之于众，将自己的作品介入生命，于是他生命的下半辈子的重大责任就是为自己辩护。"临到暮年，他筋疲力尽了，带着失望，带着痛楚，带着疲惫和忧伤，以逃离的心态来到圣皮埃尔岛。周遭的单纯、宁静和安然给予了他新的契机。在那里，他享受到的"不是那种在生命享受中所获得的不完全、贫乏、相对的幸福，而是一种充分、完全、圆满的幸福"。而"当我在圣皮埃尔岛上，躺在随波逐流的小船上，坐在动荡不安的湖畔，在美丽的小河边或是在砾石上潺潺作响的小溪旁，独自一人浮想联翩时，就时常处在这种幸福的境界当中"。在那里，他毫无羁绊、毫无挂牵地沉浸于他喜欢的消遣中，"甚至是游手好闲之中"，无须费神多思就能满心喜悦地感到自己的存在。而他享受的，也正是这种存在。

　　在不被打扰的日子里，他将自己的遐思置于大自然纯粹的背景之中，兀自感受着自身生命的美好，感受蕴含于天性中的真和善，怀着根植于精神深处的高傲兀自地述说着，不是辩解，不是说明，更不是抗争。这一切只为表述给自己，除了自己,已无其他的对象。彼时的他,已不在乎其他的对象,对着天,对着湖,对着旖旎的草木和宁静的时光,他的心中唯有眷恋和叹息。他眷恋时光的美好,他说:"在与天地万物融为一体,与整个自然界同化之时,我心中的陶然迷醉、无比欢欣真是难以形容。"他叹息这美好的时光和省悟来得太迟,因为彼时,当他的思想驰骋之时,他的精力、记忆力和行动力已不如从前,由此他感叹:"人开始要摆脱躯壳之际,也正是最受躯壳束缚之时啊!"而这短暂的时光依然给他以滋养,这纯粹的光阴和意外的发现依然带给他无上的满足。

"朝闻道,夕死可矣",那些时日里他惊奇地发现,一切的财富,原本就在先天本具有的内在天性中,彼时彼地他所能做的,只有赞美,只有歌唱,只有无尽的感激与热爱。他没有想到,生命在转弯处别有洞天。也许,人只有在孤独的时候,在沉静的时候,在观照自身的时候,才会显出别样的美丽。一些重要或貌似重要的事物,在另一个不同的标准下会顿然一文不值。而卢梭,在临近晚年之时,幸福地跟随了自己内心的声音。

2015 年 2 月 2 日

自然卷：安然，安在

二

　　读卢梭，感觉到混迹于社会的时候，他是一个孤独无依的人，与世俗社会明显格格不入。他不愿妥协，又没有雄辩的口才和足够的力量去抗衡与辩解，由此遭受了极大的误会和委屈。即使表面上放弃了，不再抵抗了，但骨子里他还是相信自己的正直无辜，相信自己的友爱善良，这无辜和善良只有他自己明白，但他找不到一种能让世俗接受的方式去表达，也找不到一种有效的途径获得周遭的理解和认同。要么是他出了问题，要么是世界出了问题。要么，就是世上有些不同的观念原本就彼此相克，无法调和。他的抗争和辩驳使他陷入与周遭更加敌对的境况，陷入更加深入的痛苦和孤独，似一张网将他裹在其中，越揪越紧。直到有一天筋疲力尽，他抛开这一切，逃至圣皮埃尔岛的世外桃源，以破釜沉舟的信念让身心彻底放松。由此，他才意外地获得了全新的天地。

　　人世间原本没有一个固定的标准，没有绝对的是非对错，人生观、世界观、价值观的不同导致不同的人生模式，而每一种人生原本都可以异彩纷呈。只要不相互干扰、相互破坏、相互诋毁，即使观点不同，亦应相安无事。而现实又似乎远非这么简单，有时愈是简单坦白之人愈易招致世俗的误解和打击，卢梭正是这样一度被压得喘不过气来。而当事物将他逼向反面，在一片渺无人烟的逃遁之所，他却意外地找到了心灵的安宁。人的选择，原本可在刹那间。而那时的卢梭，已经临近晚年，回想过往的人事纠葛，回想于这些人事纠葛之上无谓浪费的时光，在其内心深处，或许不无遗憾和惋惜——人生短暂，生命原本可以更加平静美好，而逝去的时光却永不会再来，我们终归没有太多的时间可以浪费。

所以很多时候，我们没有必要跟所谓不公的境遇较真，没有必要跟眼前纷繁的人事较真，没有必要跟他人的误解较真。我们要时时刻刻观照自身，观照心灵，观照那一刻的自己是否开心愉悦，是否坦然无悔。正如晚年书写《一个孤独漫步者的遐想》的卢梭，彼时的他已经将一切敌意抛于脑后，已经不为任何世俗的攻击所动，一切的诽谤和攻击都已是与他不再相干的事了，他已不将这些看得重要，由此也不再有什么能够伤害到他。我们的人生，原本不就应该如此通透、如此洒脱吗？世上万物，包括他人的成见、偏见、看法，真的那么重要吗？这世上，原本没有一个人能够完全深入地了解你，正如奥修所说，到了最深处你只能是一个人。从某种意义上说，我们的人生就是一次孤独的旅程，在最深的深处，我们必须愉快地与自我相处，愉快地接纳生命里的一切发生，忽略无谓的一切，珍惜美好的因缘，以自己最大的努力，尽可能地给这旅程增添些温暖的色彩。

很多时候，我们无法把控无常的人生，然而，我们可以把控当下的自我。我们可以具足了信心，活出属于我们自己的独特人生。在这世上，没有谁可以给我们绳索，我们也不必束缚自己，而彻底放逐的灵魂，又必然走向回归之路：回归清净

自然卷：安然，安在

的本心和无染的自性，于生命的源头吮吸源源不断的快乐，完成生命伟大的庆祝。

（《一个孤独漫步者的遐想》，让-雅克·卢梭著，邹琰译，花城出版社，2005年1月第1版第1次印刷）

2015年2月5日

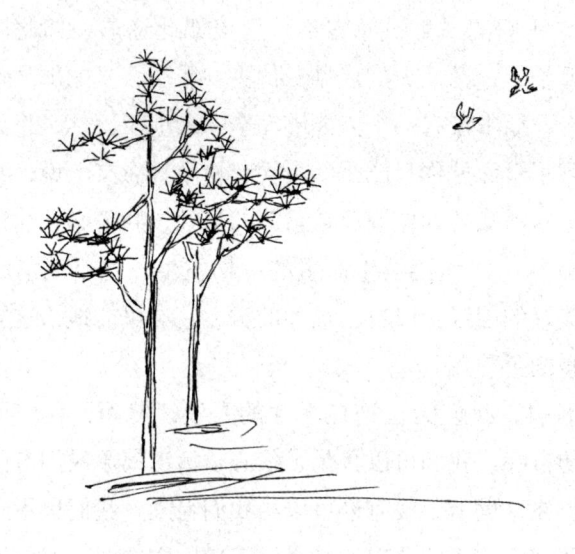

此心安处
——读梭罗《梭罗日记》

属于自然的，总会归于自然，因为那里，才是他最感自由和舒适的地方。梭罗远离俗世、人群，来到丛林旷野，来到瓦尔登湖，选择与草木为伍，和鸟兽对话，活出了自己的一片怡然自得。

"别让社会成为你游泳的地方，你在那里受波浪的支配掷上抛下。"不愿被外物、外力左右的梭罗以内在的勇气选择了与众不同的生活，将自己抛置于茫茫旷野之中。

人在脱离世俗纷扰的时刻，心灵必定是安宁的；自生命和情感深处沉浸而出的，必然是一片空明澄澈的天地。摆脱了世间万种纷扰的梭罗，如一朵小花，自如地开放在大地上；如一棵大树，安然地挺立在阳光下；如一阵清风，自由地来去。也许是基于相同的品性，他听得懂四季的轮回，听得懂小河的流淌，听得懂森林的静默，听得懂大自然的风风雨雨。他敏感于这一切，因为这里，是他安身立命的处所。在这里，他与大自然作着深情、深切的呼应；在这里，他于自我的纯意识中照见清澈明亮的自己。"没有太阳为我照明，因为我已在自己更强烈、更稳定的光亮里使其他较弱的光源黯然失色。我是天地万物的宝库中一个宁静的核心。"

"温暖的太阳光的薄片掉落在冻结的田地上。小河和溪流齐声唱着赞歌。"大自然永远不乏诗意。丛林深处，他珍惜着与万物的缘分，不忍伤害和他相遇的每一个生灵，不忍将生息于此的小动物捉来供生物学家去做实验，不忍去踩踏一只蟋蟀，不忍看到大树被砍伐……大自然，已经是他的家。"瞧啊，有个人砍倒一棵树来取它的果实！这样的行为哪有道德可言？"他的身心，已全然地与大自然的一草一木联结在一起。

在与大自然和谐共处的安然时光里，他同自己对话，聆听内心深处最真的声音，并顺着这样的声音愉快地走去，走去。这本日记，就是他彼时真诚的吟哦。那些句子并不华丽，或因翻译的原因，字里行间也未见出众的文采，甚至有些流水账似的机械，但梭罗的意义，不在文字，他甚至可以不要文字，"星星就是写下来的文字，它们印在了天空那蓝色的羊皮纸上"。他的意义，就在他行动的本身。与其说他是文字的成就者，不如说他是一个自然主义的践行者，与同时代的爱默生有着一脉相承的精神谱系。而这线索，更像是源自天然，是生命和本性自然而然的呈现——还有比袒露出生命的本真更美妙的吗？

1845年的某一天，他的日记是这样开头的："今晚我带了一只苹果放在口袋里,直到现在我拿出手绢来,都带着一股令人愉快的芳香。"还有比这更贴近自然和令人愉悦的吗? 1941年4月26日,梭罗在R.W.爱默生家做客的那一天,他在日记中写道:"对我来说,印第安人的魅力在于他自由、从容地处于大自然之间。"而当他置身于大自然之中时,也获得了愉悦的体验:"我觉得仿佛我可以随时放弃自己的生命和生活在上帝呵护中的责任,去变得像一棵植物或一块石头那样单纯,没有牵挂。"他感到的是自身脉搏与大自然的同步跳动和有如神助的欢喜:"来到我内心的是一种如此无法描述、没有边际、令人全神贯注、神圣的天国的快乐,是一种升华和扩张的感觉,我自己对它无能为力。我领悟到这是上天的力量赐予我的。"他与自然相互感应,彼此馈赠,互合互融,同频同在,甚至获得了天人合一的感觉:"自然的某个部分特别茂盛时,我那相应的某个部分也肯定会茂盛起来!"而此时他的文字也已融入了生命和自然之中,他说:"一个作家,也就是写东西的人,他是自然万物的笔录者,他是玉米、青草和挥着笔的大气。"在这里,在日复一日的涤炼中,他消除了狭隘和偏见,使自己灼灼闪光。"大自然每时每刻都尽其所能照顾我们的生活。这是她存在的唯一目的。不要抗拒她。听其自然,我们就不会得病。"大自然就是为他而设,"在大自然面前,什么都无须保留,做什么都堂堂正正"。

"令一般人感兴趣的东西不可能引起我的兴趣。他们的追求和趣味对我来说似乎是无足轻重的。"经过了大自然的长期

自然卷：安然，安在

淘洗，他的这份性情愈加鲜明，他与人群也离得越来越远。在大自然中，他是欢喜无忧的，在人群中，他感到诸多不适。

在知识和文明退隐之后，"真实而单纯地认识事物"，他感受到的，是"真正无知所具有的长处"以及人性和灵感郁郁葱葱地生长。"你可以朝着地球表面的任何方向走去，抬眼远望，到处都有可走的路，爬上地球的凸起处，让你处于天地之间，不管是太阳和星星还是人间居所，离你都不遥远。"多么坦荡、自在而开怀。随着日日的浸入，梭罗自身的内在也在发生着悄然的变化，完成着一次又一次的蜕变："我似乎更加融入大自然之中了；我的理性生活比先前更顺从于大自然，可能对心灵反倒不那么顺从了。"从顺应内心到顺应自然，这是又一次的提升和改变吗？他说："我分享了大自然的无限。"他的曲调完全与大自然合在了一起。

从一个抽离的角度，人之于自然，不过沧海一粟，将自己安放此处或彼处，也许并无多大区别；伤透脑筋所做的这样或那样的选择，差别或也在毫厘之间。将自己抛置于荒野的梭罗坦言："我无法把握我自己。"但他还是跟随了内心的声音，进行了生命中的冒险，去了令他倾心和向往的地方。唯在那里，他感到心安。然而，此心安处即是吾乡，在无法把握之中，他又自感时时在"把握生命本身"——他向往的自我本质的生命，是常处春天和生命幼儿期的生命——这不是与几千年前老子"复归于婴儿"的呼声如出一辙吗？只有回到大自然的怀抱，还自我一份应有的坦然与坦荡，才会如婴儿一般天真和纯净吧！

  然而静下心来，我们会发现，世事纷扰，的确已经耗费了我们太多宝贵的时光。在有限的生命里，我们如何能够走出来，像梭罗那样，走到自我心灵的最深处，让每一分、每一秒都因充实饱满、自由欢喜而富有意义？我们如何能够减少耗费和污染，保持自我内在的完整与纯粹，回到我们自己的故乡呢？

（《梭罗日记》，梭罗著，朱子仪译，北京十月文艺出版社，2005年1月第1版第1次印刷）

2016年10月12日、13日

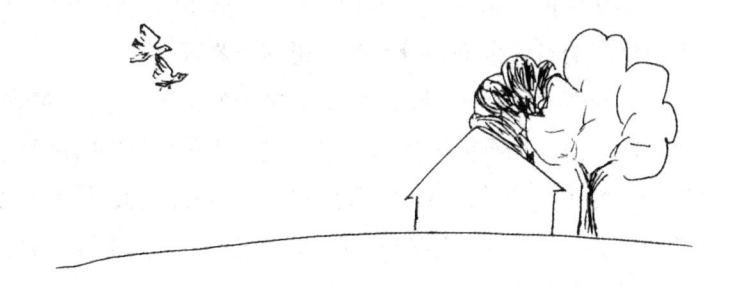

自然卷：安然，安在

> # 停下来，听听他的呼喊
> ——读梭罗《远行》

"如果要在寒冷的冬天选一本书做生活伴侣，我想最能让你心情愉悦的，除了自然史别无其他。有一天突然下起了大雪，放眼望去，窗外一片纯洁。我捧起奥杜邦的书，心里平静而欢欣。细细品味间，我仿佛看到了盛开着的木兰花花瓣，一丝丝温柔美丽的海风吹过佛罗里达群岛，迁徙的朱雀，还有农家小院那木棉树芬芳的香味。我还看到遥远的拉布拉多的人们已经在迎接春天，密西西比河的冰雪正在消融。我看到了磅礴而又生机勃勃的大自然，而我自己也快活强健。"

读梭罗的《远行》，正如他在开篇描述的这种感觉，与草木为伴，受自然熏染，身心都变得纯净欢喜。

大自然的一草一木都蕴含着神奇的能量，它不懂政治、经济、社会，也不懂世俗的一切，只是按照自己的时序和节奏生长、开花、结果，给动物和昆虫以食物和居所，给人类以滋养和启示。生活在大自然中的一鸟一兽亦有其自身独立而美丽的轨迹，它们不以为人类真的高它们一等。它们在果园里自由地觅食，在森林中尽情地欢唱。无论人们懂得还是不懂得，了解还是不了解，大自然就在那里，年复一年、日复一日地孕育着自己的神奇。

而梭罗，就是那个懂得的人。"如果你只注意到这片土地上的政治，你永远都不会感到愉悦……当所有的人都只关心政治时，土地都会呈现出破败的迹象。"他和小溪里的鲦鱼精神相通，和秋天里的落叶心有灵犀，对荒原中的野苹果情有独钟，和整个大自然息息相通。他的生命和哲学，就是被广袤的大自然滋养孕育出来的，他将所有的热情和希冀都给予了大自然，大自然也给予了他丰厚的回报——那欢乐，那幸福，那性情，那思想，无不打着大自然美丽的印记，简洁，但鲜亮。

"每条小溪都是草地的生命线，向草儿输送最新鲜的生命汁液。池塘里的冰块儿也借着温暖的力量铆足了劲儿迸裂开来，欢愉地迎接着春天。"大自然使他的心灵平和安宁，而我沉浸于这样的文字中，内心刹那间亦无比沉静。还有比大自然更纯洁的吗？还有比大自然的杰作更伟大的吗？

所以他抛弃了图书馆，抛弃了艺术家的画廊，抛弃了喧闹的社会和繁华的街市，将自己抛掷于大自然当中，向自然请教，向自然学习，从自然中源源不断地汲取能量。他说："一个无知的人不仅仅是有益的，甚至还是美好的……我们所能达到的最高境界并不是知识的积累，而是我们在长期学习中培养出来的感知知识的能力。"他知道，只有大自然，能够给予人类原始的能量,使人类保持敏锐的知觉。这"无知"之中,蕴含着无边的大智慧——究竟能有几人真的能想起来从唾手可得的大自然中汲取财富呢?人们怀着永不满足的欲望,不停地到自然之外去索取,追逐着金钱、权力、地位和荣华富贵,以为这些能够给他们带来幸福。殊不知,一个真正幸福的心灵,需要的原本那么少,"人类最美好的生活源于最简单的事情"。丰厚的大自然每时每刻都在给予人们,向人们呈现。然而更多的人对此视而不见,正如梭罗所说:"他们徘徊在天堂的门前,却不知道门在哪里。"

而每个人的造化,的确需要他自己的悟性。

梭罗时刻被大自然熏陶,在自然中陶醉:"我们路过空旷的沃野,每一片土地都散发着让我们陶醉的清香;大自然静静地思考着,静静地等待着,等待着我们去体验,去感受,去游历,并在它的怀抱中深思。依稀的晨光里,每一幢农舍,每一扇栅栏的影子都朦朦胧胧。远处传来清脆的敲击声,让这里的美景更显纯净安宁。"大自然亦使他自由不羁,使他"不管在什么情况下,都可以站到想站的地方,阳光终会洒遍每一片土地"。大自然给予他灵性,给予他翅膀,使他的内心盈满神性的欢喜。

在大自然之中,他变小了,小到于他的文字中几乎找不到"我"这个字眼。而当自身变得渺小之时,其心灵也便与大自然无限联结在了一起,由此领略到世界的博大与震撼。他不仅看到自身的渺小,还看到大自然面前世事的渺小:"在这片土地上，人类活动是那么渺小，占据的空间和资源就更加不值一提了。那些和人类社会有着关联的商业、工业、教堂、田地，甚至连让人厌恶的政治也都变得微不足道。政治仅仅是一片狭小的区域。"在一个达到化境的人的心里，自然与人不是割裂的，而是有着不可分割的联系，"在这美丽的世外桃源，你可以享受到关于真诚、热情、光明这些有关人性的美好的东西"，"我们离自然最近的时候，就是我们自己最善良的时候"。读懂了自然并与自然有着深切感应的人，是幸福的。

"神奇的自然界有一种永恒的火焰，它永不熄灭，也不曾冷却过，正是这种火焰，让万丈冰雪重新融入土地，让千里沃土重见阳光。"这火焰，只有离自然近的人才能看得到，它仿若一道神谕，只显示在富有灵性的虔诚信徒的眼睛里。大自然就在那里，她像母亲一样给万物以果实，然而又有多少人像梭罗那样"稀罕"并珍惜她的给予，懂得与她对话，聆听她的教诲并从她的教诲中得到智慧？"最好的信仰，绝不是避灾驱祸，而是诚挚的感恩。"一个贫乏的灵魂，会有这样的感悟吗？

在梭罗看来，那些学者、专家所做的研究以及沾沾自喜的发现，其实都是在做大自然不费吹灰之力就能做到的事情。"从一开始就和大自然交朋友，难道不好吗？何必耗费大量时间、精力去搞什么研究。"恐怕这就是做学问和真热爱的区别吧。你看，那些鸟儿，"在秋天来临的时候，它们便成群结队地寻找食粮，飞越田野，穿过栅栏和小溪，将大量的种子带到适合它们生存的地方。这些种子经过冬的储存和春的滋润，便能长出大大小小的树林。这些小小的鸟儿，把一片开垦后的田地变成茂密的树林，也不过是几年时光的事儿"。带着好奇的眼睛和诗意的心灵去发现和感知，他发现了大自然的诸多秘密；即使与所谓的学者、专家得出同样的结论，那也是不同的。

在他的内心深处，他自愿与"漫步者"为伍，像原始的印第安人那样，过自然野性的生活。他说，漫步者隶属于第四等级，既不属于国家，也不属于公民，更不是仆役，也不是教堂的一分子，悠闲、自由和独立是漫步中必不可少的三大元素，"这三者是任何财富也换不来的"。他这个漫步者深爱着大自然："如果哪一天，我没有用四个小时的时间（经常都是超过四个小时的）去体验翻山越岭、亲近自然、在林间溪边穿行，那么我就会生病——身体上和心灵上。"旅行中，当他看到村民当成贵重物般争相浏览从远方运来的报纸时，他觉得他们是那么可怜，他说："让它躺在自己永恒的高山上吧！不必从悬崖上低下头来，张望遥远的、微笑的、没有任何存在感的纽约和洛杉矶！"

他笃信大自然，大自然为他指明道路。"我们从哪里来？到哪里去？为什么有时如此难以选择？我相信在冥冥之中，大自然一定有一种神奇的吸引力，只要我们紧紧跟随它的脚步，坚持不懈地追逐，定会奔向光明的未来……我们愿意选择一条代表完美的小路并不断探索——即使我们在现实中从未见过这些美好，也愿意相信自己的眼睛，相信自然的仁慈。因为它让我们忠于内心，忠于自己，穿行于自己生命的最深处。"这是对自然的信任，也是对自我的信任。而一切信的，都会在。

而这一切，似乎都在受着冥冥中的指引，就如他在自己所居住的村子漫步，总是情不自禁地去向西方："面朝东方的时候，我心如死水，没有一点点期待。可我向西行走的时候，似乎能看到连绵起伏的森林延伸到太阳落山的地方，那里没有城镇，没有居民，没有世俗的商业和技术，更没有令人恶心作呕的政治，就让我生活在我深爱的地方吧！"他甚至相信，"在未来，这会是所有人的选择"，"将来整个国家都要调转船头，驶向西方。我也可以断定，人类的航船也开始了从东向西的航行"。他特别说明他所说的西方不是地理方位，是荒野时代的代名词。"我们去东方的时候，是带着谦虚之心学习人类智慧的，是为了了解艺术和文化。而当我们面朝西部行走时，却带着大无畏的冒险精神和进取胸怀踏入未来。假如你饮一杯大西洋里的水，你就会忘却过去所有的一切——繁荣或沉沦。"

他不要文明，不要开垦，不要地球上每一寸土地都变成人类的耕地；他要森林，要草地，要山峦，他要永久地拥抱大自然！只有大自然，给他以欢喜和慰藉，给人类以幸福和未来……

让我们停下脚步，听一听梭罗的呼喊和倾诉吧。

（《远行》，梭罗著，李妍译，古吴轩出版社，2013年10月第1版第1次印刷）

2015年9月16日

褪尽世间浮华，回归自然本心

——读拉尔夫·瓦尔多·爱默生《论自然》

作为美国自然主义和超验主义文学的代表人物，爱默生在这本书的导言中说："我们为什么不去享受一种与世界的全新关系呢？土地是新的，人们是新的，思想也是新的。""让我们创造自己的作品、法律和宗教吧。""让我们来研读自然那伟大的灵魂吧，它在我们周围散发着宁静的光芒。"

他看到了人与自然的贴近，看到了自然给予人类无尽的恩赐，看到了"万物相互作用，每时每刻都在为人类谋福祉"。大自然的美激发了他内心无限的热爱，那是"无限又永恒的美"，是"像其本性一样美的东西"。在大自然面前，狭隘的自我自行消失了，融入大自然的无限之中，"我什么都不是，我看到了一切"，从而变得博大而悠远。在天空和树林永恒的宁静中，人类找回了自我。人与自然相融的每一个时刻，内心都充满了欢喜。

平凡的大自然在他眼里美轮美奂，时刻给予着人类美妙的启示。你看,"哥特式教堂很明显来源于人类对森林中的树木及其枝丫进行的原始改造,成为或欢快或庄重的拱廊","它是在石头中盛开的花朵,服从于人类对和谐永不满足的需求"。

大自然打破狭隘,不知道这块地属于米勒的,旁边那块是洛克的,再远处的山林是曼宁的。这迷人的风景不属于他们中的任何一位。"只有诗人的眼睛才能将一个个农场的美景凝为一体。农场的景色融为一体,才成为最美,这并非农场主人的地契所能赋予的。"而美是上帝赋予美德的标记,神圣的事物不会消亡。他歌颂大自然和人性中的真善美,认为所有的善都具有永恒重生的力量,而美即真,真即美,真正的哲学家和真正的诗人合二为一,真和美是他们的共同追求。"在艺术作品里,人类将自然之物原初的美展现出来。"

在他看来,宗教蔑视自然,只有贴近了自然的心灵才接近了上帝,"谁若向自然学会了信仰,谁就是最快乐的人","我们对自然有多陌生,与上帝就有多远"。

大自然是去浮气、去燥气的一剂天然良药,一个与大自然息息相通、紧密相连的人,其内心是平和安详的。"与自然和谐相处的生活、对真理和美德的热爱,将使人类的双眼得到净化,从而了解自然的含义。"相反,"如果人类质朴的本性和独立的思想被各种衍生的欲望取代,如对财富、享乐、权力、奉承的追求,复杂和虚妄代替了质朴和真理,人类就在某种程度上失去了利用自然阐释意志的能力"。

自然卷：安然，安在

"智慧不变的标识即是从平凡中发现奇迹"，一个融入了大自然、看到了自身渺小的人，才更易看见世界的丰富与博大，才更易发现自我渺小的身躯里孕育着的活泼、神奇的本性与灵魂、源源不断的天赋与能量。"在我看来，除了我的本性，没有任何法则是神圣的。"一个人的本性是与生俱来的，是具有生命力的财产，无论在何处，它永远都在新生，"唯一正确的是追随我的内心"。相信并跟随自己的感知，"完美的信仰来自不自觉的感知"。社会有了新的花样，但他怀疑也失去了古老的本能。他认为"伟大的天才是回复本质的人"。

"古代悲剧，以及所有古代文学的可贵魅力在于，人物的语言质朴纯粹。人们有极佳的感知力，却不自知……我们之所以仰慕古代，并非是喜欢旧事物，而是因为仰慕自然。希腊人不喜欢思考，却具有完美的感知力和最健美的身躯。"这让我想起《诗经》：站在诗歌的源头，站在混沌未开、林林莽莽的大自然之中，人们更近地接近花草、接近树木，也更加接近心灵。在花草树林和自然甘露的浸染与滋养中，人们的心灵愈加纯净，语言愈加本真。《诗经》语言质朴，却能击透灵魂，穿越千年。而一切有生命的事物都与自然相连。

因此，爱默生呼吁人们远离社会，远离书房，回归自然的本心，进入孤独的境界；在孤独的世界里，呐吸自然的甘露，观照自我的灵魂。"我们认为摩西、柏拉图、弥尔顿最大的优点是，他们蔑视书本和传统，他们表达的不是大众，而是自己的思想。一个人需要更多地学会发现并观察来自他内心的光芒，而不是诗人和圣人光辉的思想。""这是伟大的艺术作品对我们最感人的教导了。它们教导我们，即使所有的声音都反对，也应心平气和地信守内心自发的感想。"他呼唤心灵的安宁，然而，只有回归了自然的本心，褪尽了世间浮华的自己，才能给自己安宁。

  然而无论如何，我和爱默生一样相信，一个发现了自然奥妙的人，也将看到自身内在的光芒，得到自然丰厚的回馈。

（《论自然》，拉尔夫·瓦尔多·爱默生著，吴瑞楠译，中国出版集团中国对外翻译出版公司，2010年1月第1版第1次印刷）

2015年9月8日、9日

海边，无声的观照
——读亨利·贝斯顿《遥远的房屋》

　　能拥有一年的纯粹光阴独自待在大海边，以最近的心灵距离接触大自然，一定是受到了上帝独特的恩宠。当亨利·贝斯顿怀着好奇心将一座开了十个窗户的小房子建在科德角——这片位于美国新英格兰地区濒临大西洋的辽阔孤寂的海滩时，他还未产生要在这里长住的想法，只是打算度完一个礼拜的假就回去。然而，受到大自然的吸引和感召，一个星期过后他竟然无法离去，在这个几乎无人的地方住了整整一年。从秋天开始，到秋天结束，大海一年四季的状貌都深深地印在他的生命和记忆中。

　　经过了自然洗涤的心灵，必然发生了质的更新与变化。自与大海为伴的那一刻起，他便远离了人世，文字里没有了一点杂质和人间烟火。他眼里每一天的大海都是不同的，每一个波涛和浪花都是带有生命的独特的存在。而在大海边，那些各式各样叫得出名叫不出名的鸟儿来来去去，在海边短暂停留，再展翅飞向远天,这是大自然最美的造化。他专注于这样的神奇,无暇顾及其他。他的每一天都充实饱满,甚至没有时间去做过多的幻想——在淳朴的大自然面前,人类的任何小心思小情绪或许都有做作的嫌疑。眼前的一切就是绝美的呈现。除了每隔一两周必需的外出——用背包取回日常必要的供给,他时时守在大海边和被他称作"水手舱"的自建小屋里,领略、接受大自然的阳光、风雨和一切馈赠。他的小屋里"充满了从沙丘反射过来的黄灿灿的阳光,以及大海洪亮的涛声"。这随时随地的诗情画意渗透到他的文字里,被译者称颂如散文诗般优美。

  鸟儿,是这里必不可少的点缀,或者说是必不可少的一部分,它们的歌声、姿态、羽毛靓丽的色彩都深深地吸引着贝斯顿。他走出他的小屋,观察着它们觅食、嬉戏的情景,欣赏着它们音乐般富有节奏的起落或成群的飞翔,陷入遥远的猜测和遐想。隐约之中,他不知道是什么主宰着这一切,是一股什么样的声音或力量指引着这一切,使之于自然而然之中产生美妙的默契。是两千多年前老子的无为而为在这里显示了神圣吗?——大自然就是一个自组织,无须受到外界的干预便能自得其所,自趋合理和完美。老子的"无为而民自化"所表述的无为而治,以及列子的无所追求而合于道,顺应心性而合于天,不都与贝斯顿在大海边获得的启示有着隐约的契合吗?

  然而,正如老子所说:"天地不仁,以万物为刍狗。"大自然也有无情的一面。这无情同样是不为人的意愿所左右的。目睹了大海异乎寻常的狂风暴雨和瞬息万变,目睹了一年之中发生在这里、发生在他的小屋前的六次海难,目睹了因疾病或因被油污粘住了毛羽无法飞翔而失群落单的小鸟孤单地站在寒冬的大海边,他和其他人一样无能为力,除了惋惜,除了爱莫能助,除了束手无策,再没有别的可以做了。他曾将被困在海边、漫天严寒中弱小孤独的生灵请进他的"水手舱",给它们喂食,但野生动物的天然本性和欲望还是让它们挣脱了人类的"保护"——他只得又将它们放回了大自然,让它们自然生灭。而世界,原本就是此种模样。这让我想起曾经偶然看到的一支骆驼队在冰天雪地里长途跋涉、翻山越岭去寻找盐的一个纪录片:在漫漫岁月和异常恶劣的环境里,如果他们之中有人遭遇不测,也只能权当献祭天神了。

　　这原生态,带着些许遗憾,也给贝斯顿的文字增加了旁观和清醒的视角。在一次海难的救助活动中,被他救起的一名海员,也是这次海难中唯一的幸存者,在被问及未来打算的时候,说自己以后还会干这一行,因为他"只会干这一行"。无语的旁观中,似乎依然有着某种无助的悲悯。而在另一次海难中,岸边的人们只能眼睁睁地看着船上的生命被翻卷在惊涛骇浪之中。船只沉没的瞬间,他们在岸边所能做的,也只是自发地燃起篝火,让即将被海浪吞噬的生命感受最后的温暖。

　　日复一日陪伴他的,除了大海,除了来了又去的鸟,除了近处的灯塔和远方的村落,就是他唯一的邻居——海岸警卫队队员,他们从不间断地在海上巡逻,无论刮风、打雷还是下雨，无论严寒还是酷暑。黑夜的海边闪烁的点点手电的灯光亦是他熟悉的景致，有时，他索性跟他们一起巡逻——无疑那是一份艰苦但却不失崇高的职业，尽他们最大的可能去为海上的生命送上一份守护。然而即便如此，有一天，一个海岸警卫队队员在巡逻时，还是不幸地意外发现自己的父亲那被海浪冲过来的遗体。

海上有着无尽的美，亦有着太多忧伤的故事。贝斯顿不动声色地记下了这一切，仿佛一种默默的观照。

一年之后，他离开了，今天的科德角还在那里，而"水手舱"——那个开了十个窗户的小屋却于某一日被大海吞噬了。之后人们为了纪念它，又不止一次地在别处建造，以至于一度成为世上罕见的移动的遗址，直到有一天，它再次被海水永久地吞噬了。

科德角不仅吸引了贝斯顿，著名作家梭罗在他之前也曾三次光临科德角，并著有《科德角》一书。他们都是自然文学的钟情者，想必有着共同的追求和向往。而在此我不得不提一下这两本书的翻译者程虹女士，对自然文学颇有研究的她不仅热情地将又一自然文学的上乘作品引荐给读者（其实不只是一本，同系列还有其他几本），还对全书作了无比流畅的、诗意的翻译，我相信这翻译无疑给原著增了色。而她的"译者序"同样精彩，不仅深具同情心和理解力，而且处处散发着人性的质朴和文学的美感。只是没有想到的是，不久前我在当当网上偶遇她的另一本著作时，才发现程虹女士原来是李克强总理的

· 33 ·

自然卷：安然，安在

夫人，彼时头脑中闪现的只有一句话：有真才实学。

另外的几本，我想再买来。

（《遥远的房屋》，亨利·贝斯顿著，程虹译，生活·读书·新知三联书店，2012年8月第1版，2014年6月第4次印刷）

2016年11月15日

第一辑　回到最质朴的所在

回归荒野，拥抱自然
——读程虹《宁静无价》

从读她译的《遥远的房屋》开始，到受她启发又买来《醒来的森林》《夏日走过山间》《我们的村庄》以及这本《宁静无价》，程虹女士为我打开了一扇自然文学的窗。而岁末年初，在我打开《宁静无价》这本装帧雅致的小书之时，正是北京处于长达十几天的雾霾红色预警的时日，人们正陷入无边的郁闷和烦躁不安之中。而那样的时刻，宁静便显得愈加无价，清新的空气、优美的环境便显得愈加奢侈。

这是一本英美自然文学散论，程虹女士将目光投向自然文学，投向旷野荒原，试图通过她的译介、研究和著述告诉人们，"在这个强调速度与发展的时代，几乎与荒野的背景完全脱节的现代人为什么要把目光投向旷野、群山、大海以寻求精神上的援助"。她要提醒人们，如何适时驻足，从大自然中汲取博大、辽阔、沉静以及其他一切只可意会不可言传的东西，回到纯净的源头。因此，她热切地将苏珊·库珀的《乡村时光》、玛丽·奥斯汀《少雨的土地》、梭罗的《瓦尔登湖》、哈德逊河画派对哈德逊河流域神圣风景的诠释、美国自然文学中的两位约翰所展示的"山之王国"和"鸟之王国"、吉尔伯特·怀特的塞尔伯恩田园牧歌、西莉亚·撒克斯特的《多鱼群岛》和《海岛花园》、梅布尔·赖特的《自然之友》以及W.H.赫德森的南美旷野之风与英伦田园风光介绍给大家。而这些作者和作品,都是程虹女士自己所喜爱的,因此她的评说才如此诗意、清新而由衷,是对作品的诠释,也是她自己的感觉、感受和感应。她置身于文学之中,更是置身于自然之中,这份宁静和喜悦来自心灵的深处。

程虹说,自然文学是源于17世纪,奠基于19世纪,形成于当代的一种具有美国特色的文学流派,强调人与自然的平等地位。如果说欧洲代表文化,那么美国则代表自然。"鉴于美国作为'自然之国'和'新大陆'具有独特的文化背景以及其现代化程度发展之迅猛,自然文学必然会在这片土地上滋生并兴起。或者说,它是在美国特殊的自然和人文背景下产生的一种文学。因此,自然文学在美国最富代表性。"它把探索和描述人类与自然的和谐关系视为文学的领域并作为写作的主题。自然文学作家大都基于旷野写作,通过自然风景来透视心灵风景。

她的评述从爱默生开始。1833年年末,当爱默生初次造访巴黎,在那里,他看到了一个"过分喧闹的现代化纽约"。欧洲旅行归来的途中他便开始构思一本关于自然的书,甚至在他的《论自然》还没动笔之时,他就在日记中写道:"我喜欢我关于自然的书。"这是一种预感,一种感应,一种触动,正如他的超验主义强调心灵与自然的关系,是大自然驱使他去成就。继而程虹女士对不同时期的代表人物和作品进行了透彻的解读:哈德逊河风景画派不仅表现出带有荒凉与神秘色彩的美国风景之特征,而且反映出一个新的概念,即在令人敬畏的壮美风景中,人处于无足轻重的位置,自然才是永恒的;自然文学的先驱、散步中的梭罗将空间、时间和思想融为一体,以此获得丰富的内涵。他认为生活充满了野性,最有活力的东西也是最有野性的,而最接近野性的东西也是最接近善与美的东西;"鸟之王国"中的约翰·巴勒斯温和委婉更接近爱默生,"山之王国"中的约翰·缪尔粗犷活跃更接近梭罗;女性自然文学作家玛丽·米特福德、玛丽·奥斯汀、苏珊·库珀在与自然的接触中则更侧重于透视心灵的风景;杰弗里斯笔下的乡村是一片精神的领地,是天人合一的境界;赫德森将南美风情与英伦乡土融为一体,自然与文化在其作品中珠联璧合;散步中的托马斯和梭罗一样,需要在感受中愉悦,在思索中升华,在散步中滋润心灵,获取源源不断的写作灵感和宁静的心境……自然文学作家对于自然的亲近,常让我想起自己每日的紫竹院漫步也是如此的感觉:宁静平和,怡然欢喜。

进入 21 世纪,自然文学在纵向和横向方面都取得了新发展,纵向出现了环境文学和生态批评;横向出现了西方与东方的对话,寻求东西方在有关人类与自然的关系上的共同点。在此作者特以千年以前的中国诗人寒山引起当代美国自然文学研究者的关注为例，告诉人们文化意义上的相互沟通是可以跨越时空的，"受后现代主义的影响，在高科技发达的美国，人与自然都趋于物化或者商品化，两者转化成为一种新的形式——'现有的需求物'。当代美国自然文学作家看到了这种现代文明的误区，便开始唤醒人们从文化的角度来思考，形成一种自然、社会与精神和谐共存的强大的生态视野"。斯奈德在一篇题为"荒野"的演讲中说，西方文化的失败在于它与东方的佛教以及美国印第安人的原始主义相左。这也是一个值得思考的视角。

而无论哪个时代，自然文学作家都有一个共同特点：他们都不是为了写而写。如程虹女士所说，赫德森的作品显示出与大自然骨肉相连的亲情，没有沾染上任何油灯下写作的矫揉造作；怀特喜爱自然不是为了舞文弄墨，而是出于发自内心的淳朴感情。正如我读过的两个约翰的《夏日走过山间》和《醒来的森林》，那些文字亦是受了自然之神的感召汩汩地流淌而出，奔腾出优美的曲调，仿佛来自神界的天然之作，是生命直觉的反应和本能的流淌。

书里还有对原著大段大段的翻译，都是程虹女士第一手的奉献。感谢她，将这本书的精华呈现给我们，在美国的摩天大楼之外，拓出了一片全新的风景，并使我们接近原始经典。这本书翻译得太美、太流畅了，作为读者的我时常感受到诗的节奏、画的色彩、音乐的和弦，以及女性的温暖、纯净和柔软。读到第 266 页时，我甚至忍不住记下随笔：此时元旦的假期中，我心中作画的欲望还未停止。读完，或再读几页这本书，我要画几幅画，那喜悦的色彩在召唤我……美的作品遇上好的译者、评论者和鉴赏者，亦是幸福的。优美的文字，常常将我们带入物我相融、天人合一的境界，使我们感受到自然文学的魅力，产生想要介入的冲动。有时我会被勾起将书买来阅读的欲望，于是随即将那些作者、作品记下来，到当当网去寻找。当读到玛丽·奥斯汀笔下的莫哈韦大沙漠（我在拙作《读懂美国：行走在现实与书本之间》中将其译为"莫哈维大沙漠"），我想，在去过了莫哈韦大沙漠之后，若能再读读她的书，该是一件多么美好的事，可惜，网上没有买到。而下次造访，我就该去美国的那些国家公园体验自然的神奇造化了。

"回归自然是每个人的最终归属。"而自然有时也会被知识和文明践踏。回归宁静无价的主题，程虹女士说："'宁静无价'或许是身处物欲横行、动荡不安的现代社会中的自然文学作家对'荒野意识'最精辟的诠释。"比如稳居密林之中的拉巴蒂斯的作品中就传递着这样的信息，传递着"怎样在动荡不安、物质主导一切的现代社会中寻求荒野中的精神之价值"。赫德森骑着马只身在罗纳格罗荒野和荆棘丛中跋涉，享受着自由自在的悠闲，感激着不受干扰的宁静，"那是一种与古老的、原始的生存的联系，一种淡淡的、自然的生存方式，一种精神上的回归荒野"。

对自然的亲近，或许同时也意味着对文明的拒绝和抵抗。近次我的脑海中也常出现原野的意象，想象自己像一个天真的孩子，在旷野中愉快地奔跑——是否，我也该回归了？——或许，我们的确需要反思：我们该怎样进一步地剥落文明的外壳，返璞归真？美国自然文学作家奥尔森曾如此描写他心中理想的生活境界："当你的生活是依照日出而作、日落而息的规律，而不是由日程安排所困时，当你饥则食、乏则卧，完全沉浸在远古的生活节奏中时，你才开始生活。"这图景是诱人的，程虹女士评述说："在一个时间就是金钱，由高科技驱使的、快节奏的社会里，美国自然文学作家试图从现代社会的奴役中脱身，在生活中给自己留下一处空白，留下一处属于自我的净土，一片自由的精神空间。"观照自身，我觉得我也在进行着"脱身"的努力：回归荒野，拥抱自然。

（《宁静无价》，程虹著，上海人民出版社，2015年8月第1版第1次印刷）

2017年1月25日

天籁的歌音

——读约翰·伯勒斯《醒来的森林》

我将上海译文出版社的自然文学译著《醒来的森林》和《夏日走过山间》两本装帧精美、赏心悦目的小书一并买来拿到手里,内心充满了喜爱,禁不住在微信朋友圈两次"晒"图,表达内心的欣喜之情。这本 787×960 的小开本《醒来的森林》乳白封面的底色上,错落有致地搭配着一些草绿、淡蓝和褐色的羽毛,素雅中透着斑斓与活泼的生气,与书中"鸟"的主题呼应交响,有着说不出的美感。

作者约翰·伯勒斯是个爱鸟之人,有鸟相伴的时光占据了他的每一天,铺满了他书的每一页,仿佛他的工作就是寻鸟、观鸟,以此为乐。这特别的兴趣和见识导引着他成为鸟类专家和研究者。虽然此项工作对于他来说本属业余,但事实却是,专业的鸟类学家也常向他请教,因为他与鸟保持着"最原始的接触"。在他的周围,在他所到之处,几乎没有他不认识或他叫不出名的鸟。不同鸟类的饮食起居、习惯习性,包括生育繁

自然卷：安然，安在

殖、"婚丧嫁娶"、迁移迁徙，他都了如指掌。听鸟歌唱更是他须臾不离的生活。

是啊，他成天在森林中漫步，一动不动地驻足观察，安静地看身边的鸟类朋友垒砌自己的巢穴，经营自己的爱情，喂食自己的幼雏，看它们如何以本能的方式对待"家人"、朋友和天敌，面对变故、不幸和挫折。在鸟的世界，他感受到了自然、安详、美好，也目睹了霸道、不公和残酷。看不下去的时候，比如当他看到一种鸟将自己的鸟蛋放到别种鸟类的鸟巢里，挤占别人的生存空间并将哺育责任推卸给他人时，他也会气愤地将"霸道的"大鸟蛋清出去，而更多的时候，他是一个旁观者，观察、思索而不介入——保持这份冷静，大概也是因为再没有比日日潜伏于森林中的他更明白的了：这就是自然法则，亘古存续的自然法则。鸟的世界和人的世界一样，并不会因为某一人某一物的偶然介入而改变天然的法则和本性。

而他跟鸟儿，跟森林，还是有着天然的接近和感应，从那里，他感受到生命深处的诗性。当他满心愉悦，"站在完全的静寂里，在形态刚直的树林中间，倾听着"；当他遇到一块岩石坐下，"手里握着满把的粉色杜鹃花，细心聆听着"；当他特地来到一片人迹罕至的林间空地，倾心聆听林雀鸫的歌唱，他的心灵清澈如水，没有受到知识、文明的一点儿污染。鸟是他的朋友，鸟在身边使他安心、安然。你听他说"我们这里最本土、最具个性的鸟类之一"的披肩榛鸡，"有他出没的树林待着就很舒服，他让林子有了一股宜居气息，你会感觉到这才

·42·

是此间真正的主人；没有他的树林好像就少了些什么，似乎受到了自然的冷落。他是大自然的一件杰作"，"他的鼓翼声是春天里最受欢迎、最美的声音之一"。他从大自然的合唱中分辨出每一种鸟声，从鸟性中听到人性。"在我听来，刺歌雀的歌声表达了喜悦，歌带鹀表达了信念，蓝鸲表达了友爱，灰嘲鸫表达了精神的平和；知更鸟的叫声里则有些尚武的特征。"他感受着与原始自然的无言交融，"那像是借助山中的湖泊、溪流去触摸人类远古母亲的脉搏，去感受她的血管之中流淌着怎样强大的元气与活力，去了解她是如何不计较他人目光恣意生长"。

醒来的森林，让他享受孤独，使他得以于某一个瞬间在更加开阔的视野中观照自身，体验自然的野性和艺术之美。"这种无边无际的孤独感并非单单由于身在森林。森林里有各种声音响动，还有一种无言的亲近感；人在其中不过是一棵行走的树。可一旦遇到山中湖泊，那种荒凉野性就完全释放出来，与你直面相对。水无形而有万形，让荒野更显野性，同时也滋养了更丰富的文化与艺术。"体会这种意境，彼时的我竟然产生了绘画的冲动，突然间仿佛感觉自己亦有足够的灵感、性情和情感资源去画源源不断的画——这也是心灵的感应吗？大自然是一笔丰厚的财富，是艺术生发的起点，而画布或宣纸上的作品便是心灵与自然感应的结晶。

但荒野、森林、小鸟于约翰·伯勒斯却不是艺术，而是生活，眼前的鸟语花香使他满足。累了的时候，他便停下来，享受天籁的歌音，聆听大自然的音乐："我半阖着眼平躺在地上，细听莺鸟、鸫鸟、燕雀和霸鹟的大合唱。"这样的人生，也是一生，相比于都市的劳碌奔波，谁说如此的人生不是幸运的呢？

　　触景生情，有时他会联想起梭罗笔下的灰嘲鸫、神秘的夜莺以及鸟类家族精心构筑的鸟巢。深入阿迪朗达克山，他也自然地想起了梭罗在缅因森林的际遇。同道梭罗虽已不在，但其笔下的景致还在，欢快的小鸟还在幸福地翻飞、歌唱，茂密的林木还在恣意地生长，以不绝的生命讯息沟通着时间和过往，成为联结心灵和彼此的媒介。

　　当然，偶尔出于一探究竟的好奇或需要，他也曾射杀小鸟，那时的我遗憾地感觉到，那还是一个科学的态度，而非仁慈的态度。

　　他的文字就这么一天天地记下来，这种鸟那种鸟，对于一般的读者而言，那些鸟儿的名字多得很难记下来，即使记住几个也不是很容易。在一般读者的眼里，每一种鸟儿的差别可能也并不是很大，因此有时还会感觉有少许拖沓，但对于约翰·伯勒斯却不一样，那是让他兴奋异常、快乐无比的世界，天天如此，日日如此。唯有天赋的兴趣和发自内心的热爱才能激发他从细微处看到差别，从单一中品味出丰富的乐趣。而他的这些文字，也不是为了写而写的，如他自己所说，这些文字完全是出于他所热爱的自由而书写。与其说他迷恋写作，不如说他迷恋眼前的景物本身。夜幕中隐夜鸫的晚歌使他获得心灵的平和之喜,他说:"与这种平静极乐相比,音乐、文学、宗教都只是些皮毛象征。"我很理解他在书的导言中所说:"我无法让自己把这些书看成'作品',因为书写它们的过程中我几乎没怎么'工作'。全是游乐。"所有天赋的作品都不是通过劳作刻意完成,快乐是成就的唯一通道。

他说他的收获更多地来自森林而非书房,远离浮世和文明,保有天然的本能和直觉,难道不是一种幸福吗?我们也不时地需要走出去,走向自然,聆听天籁,向陌生的领地探索,让新鲜的空气在我们体内流动。

(《醒来的森林》,约翰·伯勒斯著,杨碧琼译,上海译文出版社,2015年5月第1版第1次印刷)

2017年1月23日

诗意的交响
——读约翰·缪尔《夏日走过山间》

如果说《醒来的森林》是一本溢满热爱的流水账，那么《夏日走过山间》就是一本诗情画意的散文诗。两个约翰——《醒来的森林》的作者约翰·伯勒斯和《夏日走过山间》的作者约翰·缪尔作为自然文学的代表人物，一个被称作"鸟之王国中的约翰"，一个被称作"山之王国中的约翰"。他们虽然一个在森林，一个在山谷，却用同样的热情，从不同的角度，对大自然进行了由衷的礼赞。

就语言的美感而言，《夏日走过山间》要胜《醒来的森林》一筹。在阅读的过程中，我不得不被它自然灵动、清新流畅的语言和欢快的情绪所吸引和震撼，一路叮咚，一路欢唱，如诗如画。而约翰·缪尔还是一个素描和速写的好手，当笔头的文字无法表达他的心情，辜负了他眼前的美景，他便用画笔将之留住，从而有了书中许多栩栩如生的插图，为书平添了一份温热的冲击力和感染力。跟着约翰·缪尔在山中、在书中游历实在是一种享受。

　　山对于约翰·缪尔是摆脱不了的吸引："对我来说，只要能回到去年夏天让我流连忘返的约塞米蒂（Yosemite）群山中，任何工作我都会欣然接受。"而他前往加州中央山谷地区的约塞米蒂群山纯属偶然。正当他被大山召唤而又对自己的衣食问题一筹莫展，幻想自己能学会动物的野外生存能力，从野生的植物种子、野莓获取能量，自由自在地翻山越岭而无需像人类一样纠结于携带金钱和行李之时，牧场主德莱尼给了他一个好差使：用半年时间随牧羊人照料2000只羊到高山牧场放牧。而德莱尼先生又是那么了解他的心思，对他提出的条件又是那么宽松：他不需要亲自放牧，作为德莱尼先生信得过的人，他只需要在营地周围，确保牧羊人能好好干活儿。而他自己，德莱尼先生说，可以放心地去研究他的植物、岩石、地貌，德莱尼先生会定期给他送来物资供给。

　　就这样，接受了这个美差，他上路了。

　　这一路上，可有了约翰·缪尔施展的天地——他的目标和兴趣当然不是羊，而是天上的繁星、地上的花朵、山间的小溪、夕阳下绵延的群山无法掩盖的绝美轮廓。草木山峦给予了他太多的灵感，伴他度过无数个令他兴奋而难忘的日日夜夜。"我心怀敬畏地凝望着眼前的壮丽景色，恨不得用我的一切来与之交换。我心甘情愿穷尽毕生努力，来探索造就这地形、这岩石、这植物、这动物、这气候的大自然神力。天上地下，这美景已经超越人类的想象，浑然天成，又不断新生。"在他眼里，"美

自然卷：安然，安在

妙的山野景色仿佛是回荡在耳边的千千阙歌"。有太多的时刻，他写道："我赶紧拿出本子做好笔记，并迅速完成了一幅素描。"由此，科尔维尔之上的第二高原，大山上的黄鳞栎、兰伯氏松、红冷杉，道格拉斯松鼠、特纳亚山谷中的西洋刺柏、默诺湖和火山锥，乃至北穹顶山上唱歌跳舞的蚱蜢在空中的飞行轨迹都被他及时捕捉到画面中，和文字一起呈现到读者面前。在画兰伯氏松时，他说："每一棵松树都赢得了属于它自己的仰慕。我为它们画了不少的素描，但还是遗憾自己不能把每一根松针都展现在画纸上。"在他眼里，大自然的一草一木都是有生命有灵魂的，有着和人一样的性情和高贵品质，有时甚至达到物我不分的融合境界。"我们已经身在山间，大山的气息也充满了我们的每一个毛孔，让我们心神悸动。我们的血肉躯壳在四周的美景中就像透明的一样，完全融入周遭环境，与山间的空气、树木、溪流、岩石一起，在阳光的照射下颤抖。我们已然成为大自然的一部分，非老非少，非疾病非健康，确是不变的永恒。在这一瞬间，我仿佛跟脚下的大地、头顶的天空一样，已经脱离了依靠食物、空气才能存活的肉身。"这份感应是多么奇特和愉悦！对于牧羊人，这只是一份严峻、枯燥抑或还有些难熬的差使，但对于约翰·缪尔却是上天的恩赐。他所经历的第一个早晨，每一个营地、每一片牧场，都不仅成为回忆或画面，而且成为他心灵与身体的一部分，时而让人联想到天人合一的境界。而他的描述又是那么美，以至于在捧读这本书时，实际上我是在愉快地出声朗读，品味着其中音乐般优美的节奏，感受某种诗意的交响。那是一种享受。跟着他的描述，我的心也在不断地波动起伏、欢喜雀跃，有时恍惚间会回到童年，想起姥姥姥爷，想起只有在姥姥家，才与土地、与自然有着天然的贴近。而时光一去不复返了，唯有约翰·缪尔笔下"每帧景色都闪烁着、释放着美丽的力量"还在时刻吸引和感召着我。自然的和音，是人类的排练和演出所不能及的，一切的创作都不如天然的造化，如约翰·缪尔所说，天然的一切才是常识和健康的标志，是"真正、自然、完全苏醒的健康"。

其实早在前年我就读过约翰·缪尔的《墨西哥湾徒步行》，如果说彼时我还迷惑于他丛林荒野中的冒险有无必要，那么现在我知道这是一种无法克制的内在冲动和感召。"昨夜，在大山中心，在大树和星光下，在瀑布低沉的流水声和无数细微甜美而平静安抚的声音中，我们睡得多沉啊！我们第一个真正的山中一日，温暖平静、万里无云，仿佛时间没有尽头，荒野无比平静。我几乎无法回忆起它是何时开始的。河岸边，山丘上，土地里，天空中，春天的生命力在欢乐地生长，新生命、新美景在春风中慢慢舒展开，形成一片欣欣向荣的繁茂景致：鸟巢中新生的幼崽，天空中刚学会飞翔的鸟儿，枝丫上新开的花朵新发的绿叶，这一切在扩张，在闪耀，在每个角落欢欣雀跃。"在山中，他感受花草茁壮成长的生命之美，聆听轻风溪流美妙的交响，当天黑下来，营地里的人们都休息了，他摸索着回到一块祭坛石上，仰望星空，静心冥想。这一场景即刻会让我们联想到中国古代诗人寒山幕天席地的洒脱境界："细草作卧褥,青天为被盖。快活枕石头,天地任变改。"

"整天都是灿烂阳光","又是一个激发灵感的早晨","沿着溪边漫步去我的百合花园。这些野生百合极致之美,激发了我无尽的敬仰和惊奇","空气中弥漫着香脂、松香和薄荷的味道,这种香气让每一次呼吸都变成上帝赐予的礼物","这样的光鲜下,世间万物都显得同样神圣,为人们开启了上千扇窥见上帝的窗口","硕果累累的一天,没有确切的开始和结束。一种人间的永恒"……约翰·缪尔的文字是以日记体记录,一日不落,每天都有激动,都有欢喜,有时甚至进入禅境,无始无终,自感在上帝的野地中享受着无尽的自由和荣耀。"在这里每天都是假日,是有着沉静祥和的热忱的节庆,不会疲惫、不会浪费,也不会因为欢乐过度而厌倦。万物都浸沐在喜悦之中,没有一个细胞或晶体会被排除在这欢乐之外。"

一路上,他还追索到先人的足迹,在他之前踏上这片土地的,有急功近利、眼里只有羊毛的加利福尼亚的牧羊人,有极富冒险精神的先驱大卫。和大卫是老相识的德莱尼告诉他:"大卫非常喜欢攀上最高的山脊,眺望远方的森林、白雪覆盖的山峰和河流的源头;他还观察近处的山谷和峡谷,通过小屋和篝火上方的烟雾以及砍树的声音来判断哪些地方有工人正在采矿,哪些地方已经荒废;当他听到来复枪的枪声时,还能猜测枪手是谁,是印第安人还是偷猎者在他广阔的领地上狩猎。"这些都是苍山原野的故事,给他的旅程增添了神秘色彩。而今天,他依然不时地遇到印第安人,他们悄无声息地站在近处或远处，风餐露宿，与草木为伴，与日月为友，文明人无法确切地了解他们的所思所想。约翰·缪尔在书中写道："印第安人在这里的丛林里穿梭了多长时间几乎没人知道，可能有好多个世纪了，远远早于哥伦布到达这片土地，但很神奇的是他们居然没有留下什么明显的痕迹。印第安人行动轻柔，他们对周遭环境的破坏甚微，几乎和小鸟、松鼠差不多；他们用树枝和树皮搭建的小屋的使用寿命，和森林鼠搭的窝差不多，而他们更持久的纪念物，除了为扩大狩猎地而对森林进行的焚烧外，都在几个世纪的时间流逝中慢慢消失了。"谈及荒野中的印第安人与自然的关系，我想起两年前自己在美国印第安人博物馆里看到的印第安人的信仰和在那里偶遇的一本叫《感恩颂》的小册子。小册子介绍，生活在荒野中的印第安人以虔敬的心情感谢水，感谢谷物，感谢天上的飞鸟和林中的小鹿，感谢天地、星星、山脉与河流。是大自然的万物哺育和滋养了他们，他们才与这土地、这山川血肉相连。很多时候，约翰·缪尔眼里的印第安人透着肮脏，但这个默默存在的族群却与天地自然有着不可分割、生死与共的联系。约翰·缪尔的际遇和记录，为我们提供了关于这个族群的一点记忆。当然，从印第安人、山里的牧羊人和当地居民身上，他还受到野外生存和简单知足的启示。

"短暂的黄昏过去之后，我点燃了明亮的篝火，煮了一壶茶，躺下来看星星。"在辽阔的思维和想象中，他不时受到大自然的启迪，从不同角度去观照人生。"想到遍布整个山间的蕾丝般的溪流时，我们不禁意识到世间万物都是流动的——

自然卷：安然，安在

都在奔向某处，动物、所谓无生命的岩石，其实都和水流一样。在创造大自然美丽的冰川或雪崩里，白雪或缓或急地移动；矿物质、植物叶子、种子、孢子在壮丽的气流中移动，一边歌唱一边散发着香气……星星在天际不停地运动，就像大自然心脏里的血液一样，永恒地律动。""大自然如此奢侈地建造、推倒、创造、毁灭，追逐每一个变化形态的分子，永远在变，却持久美丽。""我从来没有感受到如此多的伙伴在身边。整个野地都是如此生机勃勃，又无比熟悉，充满了人性。每块石头都能言善语、充满同情，如同兄弟。只要想到我们拥有同一个造物主，这一点就不奇怪了。"齐物，平等，自然，谦卑，因此他与自然对话，受到冥冥的指引："这片野地似乎充满了计谋和方法，指引我们走向上帝之光。"

回顾整个历程，他感觉仿若一次神奇的聚会，每个生命都有值得分享的故事，而整个山野就像是一座教堂，使他宁愿牺牲一切来学习它的教诲。

在书的最后，他说："我在内华达高山这次永远难忘的旅程结束了。我穿过了上帝创造的最耀眼最完美的'光之山脉'，在它的荣耀的光芒中欣喜若狂。我快乐、感激而又充满希望地祈祷能再度见到它。"

（《夏日走过山间》，约翰·缪尔著，邱婷婷译，上海译文出版社，2014年7月第1版，2016年1月第3次印刷）

2017年1月24日

听候自然的召唤
——读约翰·缪尔《墨西哥湾千里徒步行》

"我的计划很简单,就是选择我能找出的最荒野、森林最茂密又最省脚力的路线南行,以能经历的最大范围的原始森林为目标。"想到这里,约翰·缪尔背起背包和植物压平器,在老肯塔基橡木林中大步踏上旅程,开始了他的墨西哥湾千里徒步行,去搜寻他的奇花异草,感受他的神妙自然。

有些人大概就是为自然而生的,他不畏艰险地寻找着它,追随着它,呼吸着它,迷恋着它,直到从精神到肉体与之融为一体,获得身心的愉悦与升腾。一路上,约翰·缪尔穿越森林、险滩,遭遇了打劫、露宿、昏迷、伤痛和疾病,一度挣扎在生死边缘,却不听劝阻一路南行,甚至漂洋过海,只为采集一些植物标本,聆听几声鸟的歌唱,顺便欣赏沿途风景。很多时候,他被茂密的荆棘林划得遍体鳞伤;更多的时候,他在渺无人烟或无人留宿的地方风餐露宿,以大地为床,与树木为伴,被吞噬在无边的黑夜中……在我们看来这枯燥、危险而不可思议的旅程,对他而言却充满了乐趣和魅力。他在每一棵树、每一朵花和溪流中的每一个涟漪及漩涡里,都感受到伟大造物主的存在。他在这美景中陶醉,全心感谢上帝的仁慈让他来到这里享受这一切。他不觉得枯燥,相反,在从印第安纳州到墨西哥湾的旅程中,"土地与天空、植物与人们,以及所有的景象都在不停地变动"。无论在哪里,他都能读懂大自然特殊的语言,一些并不起眼的景象常使他陷入愉快的冥想,别人不敢轻易涉足的荒野于他全然是诗意的存在。他说:"你可以想象,谷地广大的花群摇曳摆动,由花瓣、花蕊及成堆的花粉谱出无数音乐。"而在高兴之时,"空气甜到足可供天使呼吸"。当有一天他航行在大海之上,他甚至幻想:"如果能徒步在此探寻,享受这透明的水晶地面,欣赏起伏的浪涛所奏出的音乐,不受船上绳索及木板的干扰,那该多美好啊!我可以研究这些浪涛和潮流植物;天气恶劣时,可以睡在磷光闪闪的波涛床上或散发咸味的海藻中;夜晚可以观看鱼儿游过留下的发亮路径;白天我与成群的鸟儿及点点的飞鱼一起走过平静光滑的海面,夜晚则有灿烂的星星做伴。"

他的头脑已被大自然熏陶得单纯无染,在他的眼里,大地之上的一草一木都有着和人一样的平等生命,天地之间的一切生物都非为人而生,更不是理所当然地应该为人猎杀,所以每当他看到人类的残忍行径,他的内心都会升起默默的悲悯与不平。因为冥冥之中,他与自然,原本这么近、这么近,在生命深不可测的地方,他与世间的生灵似乎有着某种说不清的关系。看到远山,他并未觉得遥远。"对热爱原始的人来说,这些山脉并不在百里之外。它们的精神动力以及美好的天空,使它们像近在咫尺的一圈好朋友。它们隆起,像是谷地的山坡墙。你不觉得你在户外;你感觉到的是平原、天空及山脉光岚的美。你沐浴在这些圣灵的光芒中,不停地转动,就像是在营火边取暖。此刻,你失去了自我单独存在的感觉:你已融入天地山水,变成大自然的一部分。"受大自然的牵引,似乎他就得那么做,就得这么走,去完成他独有的生命历程。

虽然我并未完全理解他这么做的意义究竟何在,就像前不久当我在雪莉的《印象加拿大》中读到许多人为了挑战和刺激,挥霍体内过剩的激情,心存侥幸地在尼亚加拉大瀑布前接连不断地冒险跳下、葬入瀑底时于旁边批注的:"这就是拿生命开玩笑的无比轻率和傻的行为。"我不赞同冒险,但不可否认,冒险者的人生也是众多人生之一种。好在,约翰·缪尔的冒险有惊无险,勉强还在我可承受的范围之内。

我理解他所描述的内在喜悦,然而生命可贵,愿他安好。

(《墨西哥湾千里徒步行》,约翰·缪尔著,王知一译,上海文艺出版社,2014年8月第1版第1次印刷)

2015 年 6 月 15 日

找到自己开花的土壤

——读玛丽·拉塞尔·米特福德《我们的村庄》

在《我们的村庄》这本书里，玛丽·拉塞尔·米特福德小姐是在给我们讲故事，叙家常，她所讲的，全部围绕她所在的村庄。一草一木，一房一瓦，一个邻居，一只小狗，一件小事，听起来似乎都没什么稀奇，可是米特福德小姐却热情洋溢地讲了一整本儿，而且读来不觉枯燥，这便有她的独到之处了。

她所在的村庄，无非只是英格兰千千万万个小村庄中的一个。在读过她的文章之后，慕名而来的旅游者每每会感到失望。而同样的景致，在米特福德那里却真的不一样，正是这独特、敏感的心灵和眼光，使她在千千万万的大众之中脱颖而出，成为与众不同的玛丽·拉塞尔·米特福德。这个村庄在她的眼里散发着独特的魅力，当下的满足，终结了她到别处游览的欲望。有了这样一个地方，到瑞士等欧洲其他地方旅行在她看来便失去了吸引力。她与这片土地、这个地方、这种气场仿佛有着某种冥定的缘分，使她一见如故，不愿离去。

她的讲述从村口开始，从鞋匠家，到木匠家，到石匠家，到佃农家，挨家挨户讲完，兴致盎然，自然亲切，其间还不漏掉窗前的小花、屋后的树林、嬉戏的孩童、蹦跳的小狗，不漏掉女主人的衣着穿戴、脾气秉性，琐碎絮叨，但不乏味，字里行间充满善意、愉悦，像一个孩子说到高兴处喜笑颜开、情不自禁，由此也感染着听她絮叨的人们。

《我们的村庄》被人们归入自然文学的类别，与我读到的其他自然文学作品不同的是，米特福德小姐对乡野自然中的人具有特别的兴趣，给予了特别关注。无论是富户的主妇还是穷人的家丁，在她眼里和笔下，都有独特的风采和趣味，即使一个叫莉齐的几岁的小女孩和一个叫"五月花"的小狗也是她形影不离的好朋友。在她的世界里仿佛只有美好，没有丑陋和邪恶，所以她始终处于善意和欢喜之中，她的文字也自然地镀上一层温馨、柔软的光泽。译者将这天性的善意和欢喜概括为"一种情怀"，在我看来并不为过。

回到自然之中，她的笔触更加欢快、纯净，"在清爽的阵风吹拂下，我们的血液与精神似乎都散发出了光芒"。身处丛林或花草之中，她常常发出愉快的感叹："坐在这花朵丛生的小丘上，将它们装满我的篮子，这是何等样的幸福啊！心灵焕然一新哪！栖身在这等平静而又甜美的景致里，人重新又会变得像孩子一样无畏、快活、温和……哦，真愿我的一生都能这样度过，漂浮在极乐而又纯真的感觉之上，在宁静与感激中享受着大自然赐予的寻常幸福。"

　　大自然的淘洗加持着她审美的眼光和快乐的心情,使她变得愈加纯粹、欢喜和满足,目之所及,哪怕是于最平常的人物和最乏味的琐事中,她都能看到美好的景致,感受到不平凡的乐趣。她每天都有冲动,日日都在感激,于每一个晨昏和散步的时刻,她都在与她的村庄发生着更加紧密的联系,产生着来自心灵的感应和共鸣。甚至,读者根本无法察觉到,米特福德小姐随父母来到这里,原本是出于家境败落的无奈,更使读者无法相信,单纯、甜美的米特福德小姐彼时还要靠她写的这些文字养活家人——她轻松愉快的文字里没有一丝的无奈、艰辛和抱怨,只有由衷的欣喜与热爱,只有新奇的探寻和发现,只有发自肺腑的满足与赞叹。

　　"虽然到处是绿荫,却又能充分感受到灿烂的阳光,估计没有哪里能找到比我们这里更美、更适合散步的乡野了。这里的景致既不会升华为壮美,也不会沦落入荒凉,它始终如此宁静,如此赏心悦目,如此参差多态,如此完全地呈现出英国的风格。"她是那么热爱这么一个地方,那么热爱她的村庄。她足不出村,便轻易获得了世人难以企及的喜乐与福报,这难道不是一件令人庆幸的事吗?简单即丰富,这对蜂蚁般忙碌的现代人来说,难道不是一种有益的启示吗?

　　想起很久以前,自己很小的时候在姥姥家所在的村庄玩耍,无论是在池塘里捉鱼,在大太阳下拍蜻蜓,在田地里追逐蜂蝶,还是与小伙伴欢乐游戏,头脑中不是一样的单纯美好吗？成年的我们，还能回到那一尘不染的时光、欢乐开怀的时刻和单纯无忧的起点吗？

"又是一个温柔而又灿烂的早晨"，"这是最甘美的秋日中的一天"……在她的村庄，在她的日记中，米特福德小姐常常以这样的语句和心情开头，由此开始美好、愉悦的一天，接下来所有的风景和际遇便都随着她的心情亮丽、迷人起来，在读者眼前呈现出一幅幅温暖明亮的图景。在大树下，在房舍前，在花丛中，她随时想起或吟诵莎士比亚的《春之歌》、福特的《情人的悲哀》，或感悟考珀诗中的乡间风景，咀嚼玩味，于刹那间贯通了自然风景、艺术境界和自我情怀，融合了心灵美、自然美和艺术美，使心情和灵感同时得到升华，融入一片诗意之中。有时，难以抑制心中的热爱，她还会将自己所看到的风景欣然画到纸上，让时间定格，挽留眼前美的瞬间。

总之，她的一笔一画中都饱含了感情，倾注了热爱。

生命就是一场花开、一场欢喜。如果说米特福德小姐来到她的村庄纯粹是出于偶然，那么找到适合自己、让自己开花的土壤无疑又是幸福的。

（《我们的村庄》，玛丽·拉塞尔·米特福德著，吴刚译，漓江出版社，2016年1月第1版，2016年4月第2次印刷）

2017 年 1 月 22 日

自然卷：安然，安在

于荒芜中绽放诗意
——读玛丽·奥斯汀、梭罗《少雨的土地·漫步》

书是冲着《少雨的土地》购买的，买来发现是本《少雨的土地》和《漫步》的合集，也算是意外的惊喜吧。

不读玛丽·奥斯汀女士的《少雨的土地》，你简直无法相信貌似荒芜、单调的大沙漠里原本还蕴含着如此丰富的生命和内容；你简直无法相信，貌似苍凉和无望的环境里，曾经抑或还在演绎着或惊险或离奇或荒诞或现实的动人故事；你简直无法相信，在貌似平凡和平庸的土地上，依然能听到各种各样的传说与传奇；你简直无法相信，在这人迹罕至的地方，竟也能变出无穷的花样，让我们看到如此丰盛的人间烟火和生命迹象。她说："无论那里空气多么干燥，土壤多么贫瘠，沙漠始终是生机盎然的。"在她眼里，"沙漠植物乐观地适应恶劣气候的能力让我们人类自愧不如。它们生存的全部使命就是开花结果"。荒芜中，竟然绽放出了无穷的诗意。

前年夏天在拉斯维加斯去科罗拉多大峡谷和洛杉矶的路

上，我看到的莫哈维大沙漠茫茫无边，除了荒芜还是荒芜，除了贫瘠还是贫瘠，单一的风景看多了有种昏昏欲睡的感觉，无法勾起更多的想象。而在她的眼里，她的笔下，沙漠简直是一片富有魅力、生机勃勃的多彩世界，田鼠、郊狼、蜥蜴、美洲鸶、牧羊人、采金者、峡谷、小溪、低矮的沙漠植物、印第安人的棚屋和标记，每天都在讲述和演进着他们自己的故事，或欣悦或悲情或带着某种冥定的色彩。四季轮回，周而复始，"你方唱罢我方休"，使这片"少雨的土地"变得热闹非凡而且意味深长，完全颠覆了之前我们对于沙漠的呆板印象。她说，即使在号称荒凉之最的死亡之谷地区，能识别的植物也有200余种，同时还活跃着各种鸟类和其他动物。而且沙漠也有潮湿静美的时刻和地带，你看："成群的翎鹑是赛瑞索的小溪最快乐的光顾者。清晨，它们大摇大摆地前来饮水。当穴居动物们和它们所有的天敌还在酣睡的时候，大群的翎鹑以其特有的柔美姿态齐刷刷地降落到溪水边。它们叽叽喳喳，你推我攘地跳进浅浅的溪水中，优雅地饮过水之后，抖落溅到它们漂亮羽毛上的水珠，然后重新飞进灌木丛中，梳理羽毛，相互嬉戏，发出满足而柔媚的叫声。"

看得出来，玛丽·奥斯汀女士常年待在沙漠里，已经熟悉了它的习性，习惯了它的生活方式和生存法则。她用心灵去感应和探寻沙漠，和我们看到、想到的自然不一样。任何一种事物，即便它听起来再平凡再单调再不值一提，假使我们认真地驻足观察、倾听，心领神会，都会有意想不到的惊喜和发现

自然卷：安然，安在

吧？玛丽·拉塞尔·米特福德在英格兰一个偏僻的地方发现了奇妙无比的村庄，约翰·伯勒斯在一个普通的森林里发现了截然不同的鸟的世界，约翰·缪尔在内华达山谷里发现了一个五彩斑斓的天地，而梭罗在日复一日的漫步中也能获得智慧的醒悟……大自然每天都在给予人们启示，心有灵犀的人总能听到。

玛丽·奥斯汀通过自己的见闻，讲述干旱、燥热环境下"迷你版"的沙漠植物是如何生长的，食腐动物美洲鹫是靠什么生活的，田鼠、野兔等时刻都可能遭遇天敌的生物拥有着怎样的防御机制，从印第安人祖先留下的标记里如何寻找水源，以及沙漠边缘的肖肖尼族人和派尤特人过着怎样的生活、沿袭着怎样的习俗和传统，吉姆维尔镇上淘金者的后代又是一番怎样的状貌和情景。每一个讲述对我来说都是陌生的，因此也充满了新鲜感。

深入沙漠腹地，她的行为大胆而冒险（尤其是作为一位女性），她的视角则人文而感性，感性中有思考，时不时给人以哲学的启示。她讲到沙漠中偶遇的淘金者，翻遍了这里的每一粒沙砾，一翻就是10年20年，经历了千般的困苦和艰难的跋涉，却永远是一副淡定、安然的神态。最危险的时候，淘金者曾于凛冽的寒冬挤在抱团取暖的野羊群里，能否掘出金子对于久经考验的他来说似乎已不重要。掘金，已经成为他须臾不可离的一种生活方式。多少年后，经过不懈的求索之后，掘金人终于找到了金子，离开了这块土地。然而又过了几年以后，玛丽·奥斯汀在这块土地上又邂逅了他。在花花世界里将自己掘出的金子挥霍殆尽之后，他又回到了这里，恢复了他寻找的姿态和淡定的神情。那一刻，玛丽·奥斯汀仿佛看到了宿命——即使拥有再多的财富，他还是这块土地上的掘金人。

更多的故事，她亦从印第安人的口中听到，那更多的是他们自己的故事，有着或欢乐或悲伤的结局。然而一切仿佛也都是冥定的，作为一个旁观者，她记录，但却无力、无奈。

当然，有时候看到沙漠中毒辣阳光烤炙下孤立无援的小鸟用一片可怜巴巴的草叶庇护身体时，她也会将自己的一块帆布奉献出去，为它搭建一处永久的遮阳棚。我想，这比周国平先生在南极考察时看到的科学家为保持南极的"原生态"，对身陷绝境、只需举手之劳就可拯救的小企鹅见死不救的行为要人道主义多了。我们的一点点善举无法改变世界，却可以力所能及地给予有缘与我们相遇的人一点温暖和体恤。玛丽·奥斯汀的讲述就总是带着这样的温度，虽然她说："久而久之，你将学会接受上苍的安排，对这种种惨状的恻隐之心也就不再那么强烈了。"——这因应了老子的"天地不仁，以万物为刍狗"吗？与沙漠里的动物相比，高山大漠里的人的处境似乎也未必好到哪里去，记得有一天我看了一档藏族牧民赶着骆驼翻山越岭，用大半年的时间到盐湖去取盐的电视纪录片，其中有一句解说词令我印象深刻。那解说词大意是说，暴风雪的天气里或曲折、湿滑的山路上，若是有人不慎掉入山谷或者意外夭折，那么他就会被当作祭天神了，其余的人继续赶路。听了这些，

自然卷：安然，安在

我内心无法不笼罩上一丝沉重。

而在沙漠里，有时玛丽·奥斯汀也会发现古老的印第安人在这里留下的踪迹——那些简单抑或复杂、能被破译和无法破译的指示标记，给沙漠带来了无限的神秘。曾经于荒漠中挣扎和跋涉的印第安人，一度在恶劣的环境中激发出自身的智慧和潜能，找到自己的求生之道。置身恶劣的环境，他们由衷地感谢着树木，感谢着谷物，感谢着水，感谢着在他们的家园边出没的鹿群，感谢着指引他们回家的星星和月亮……那沙漠中形状不一的图形和标记，就是他们曾用生命去建构的历史记忆和文化遗存。

书的另一部分是梭罗的《漫步》，读了一页之后，我发现以前读过，忘记了是不是在他的《论自然》里。那些句子是熟悉的："生命在于荒野……我相信大自然有一种莫名的魅力，听从它的召唤，我们就会找到正确的方向。"于荒芜中绽放诗意，这与玛丽·奥斯汀一脉相承。

（《少雨的土地·漫步》，玛丽·奥斯汀、梭罗著，朱筠、龚燕灵、祝秀波译，漓江出版社，2009年8月第1版第1次印刷）

2017年2月26日

无有所碍，无有所限

——读玛丽·奥斯汀《无界之地》

置身于广袤的沙漠中，置身于混沌的无界之地，人的视角、感受都将大为不同。在与无边天地的对照中，自我以及周遭的生命都被赋予了不同的意义。"天地不仁，以万物为刍狗"，然而直面的时刻，便有坚毅的力量自血液中升起。读这本书时的我，始终怀着肃穆，怀着敬畏，怀着深沉的思索。

在荒漠中游走的流浪女，冲破了文明社会的所有条条和框框，与自然相处，与大漠相处，与牧羊人相处，以一己的能量抵御着风沙，抵御着孤独，抵御着已知和未知的风险和命运，依随自己的心性不羁地奔跑，自由地流动，自然地相爱和繁衍。然而其行迹终究不可捕捉，已然属于大漠的生命，在长期的磨砺中消解了性别的界限，已无法被放置于世俗的框架之中，只有追随着大漠的风，自由出没，在此时彼地、地下天上活出洒脱而又不羁的姿态。"她是流浪女。就是这样。她已经脱离所有社会既定的价值观念，知道什么时候最好的机会来临,并且能够抓住它。像我相信的那样去工作,像流浪女证明的那样去爱……流浪女抓住的是事物的本质,没有包装和骗局。"

清冷孤独的牧羊人,在与羊群相依为命的漫长时空中,与麋鹿,与羚羊,与郊狼亦产生了心灵的默契。你难以想象,"一个牧人和一头郊狼之间的爱是永远不会丧失的"。然而同处于一片广漠中,当生命变得稀缺,变得罕见,那些顽强的幸存者便因着相同的血质而彼此怜惜,无论他是人,是动物,是植物,还是山川大地,"他与拥挤的群山融洽无间,与群星交谈"。久而久之,他觉察到自己与羚羊之间的相互友善,他们凭借"野性的感觉"默默感知着,意识到对方就在附近。"他们无言地互相陪伴着,用彼此理解的方式默默地帮助着对方。"羚羊领他找到最好的牧场,他不让羊群搅浑泉水,直到羚羊喝完。当有一日,他看到羚羊和郊狼被猎杀,他就只有"一个劲儿地躺在草丛中哭泣"……生命,在一个牧羊人充满爱的心灵里都还原成了生命,好恶善恶都已不存在,粗砺中浸润的温存却依旧长久地打动人心。

貌似贫瘠的土地,孕育着求索的冲动,亦勃发着爱的欲望,那不绝而来的淘金者终能躲过米涅塔的魔咒吗?那历经了无数悲辛的孤苦女人,终能抵挡住爱情的诱惑吗?坚忍执着的土著印第安姑娘和具有优越感的白人探险者之间的爱情终能长久吗?那于意外中诞生的生命,又将延续怎样的磨难?那漫无边际的莫哈韦大沙漠上,还将演绎多少的爱恨情仇?也许,这无边的荒野是天然属于土著的。在远离文明的长久磨砺中,他们发展了天性的直觉,"在风暴来临的前几天,女孩就以印第安人的方式感觉到了"。而且她知道风会吹上三天:"我不知道她怎么知道的,但是她知道。她不停地弯起手指向我显示有多少天。"在许多个特殊的瞬间,他们与天地相通。然而,他们还是被文明抛弃和遗忘了。在将白人送出无界之地、看到白人眼中放射出希望之光的刹那,爱着的印第安姑娘却已是黯然神伤了。"开垦地意味着她的印第安世界的边缘。""在土奎那,在荒凉的峡谷里,在收获微薄的草原上,她知道生存之道。可在肥沃的、灌溉充足的田里,等他们到达开垦地时,除非加文接受她,她必须回去。"她与开垦地的对望,也是原始与文明的对望。文明,使人类欲望在更大的范围内得到满足,亦使人类丢失了血液中真挚、淳朴的东西,包括情感,而这带给印第安姑娘的,只有受伤。

然而大漠,终会覆盖这一切。一切的发生,在这里仿佛都带着宿命的味道;一切的发生,仿佛又都微不足道。更多的时候,在这一望无际的大漠中,没有任何东西,哪怕是一个活动的人影会进入视线。沙漠吞噬了一切,人与沙漠的较量几乎可以用绝望来形容。

这是一片荒野,是"边界不存在的地方",印第安语即"无界之地"。在这里,"每个部落之间和部落中家庭之间的界限根据自然的地标明确划定,它们是山峰、山顶、溪涧和从内华达山脚下开始的向东绵延的水潭湖泊",逻辑上延伸到科罗

自然卷：安然，安在

拉多峡谷的边界。当读到这里，我想起几年前穿行于莫哈韦大沙漠去游览科罗拉多大峡谷，想起从拉斯维加斯奔洛杉矶路过死亡之谷时导游顺手指给我们看：在漫无边际的荒漠中，我没有看到太多的生命迹象。而在玛丽·奥斯汀的笔下，在大漠的深处，依然有着不为人知却悄然发生着的人类活动。"在那里，良知的界限瓦解，没有常规，行为没有意义，只要为了满足你的欲望，几乎任何事情都可能发生"，"大自然本身用隐秘的方式不让你看到它的真面目"，有些地方，则至今无法进入，考验着人类挑战的极限。"总的来说，不要听信任何人说自己非常了解无界之地这个国度。很多人在证明这个危险之地的过程中丧失了性命，现在有向导竿和熟悉的水潭，穿过这个地区是可能的了，但是最神秘的部分依然封锁着，无人抵达，或者最多只有一些流浪到边远处的印第安人、牧羊人或挖掘财富的人知道。"

大漠苍茫辽阔又深不可测，也许只有置身其中，长相守候，才能妥帖融入，获得超然的视角和独特的感悟。也许，只有跳出琐碎，将人生放置于阔大的背景中，才能无有所碍，无有所限，伸展自由。

（《无界之地》，玛丽·奥斯汀著，马永波、杨于军译，安徽人民出版社，2012年6月第1版第1次印刷）

2018年1月8日

第一辑　回到最质朴的所在

接通远古，回到原点
——读西格德·F.奥尔森《低吟的荒野》

翻开书的第一页，看到扉页上的一行字："此书献给那些知晓并热爱奎蒂科－苏必利尔荒原的人们，那里有着粗犷荒凉的河流、湖泊及森林。"随即呼应并写下："在面对大自然的刹那，当置身于大自然的背景中，人便拥有了不一样的胸怀和视角。"

亲近荒野、身处其中的西格德·F.奥尔森时时能听到荒野的声音，正如原始的印第安人能听到百里之外的人声、鸟鸣、花开花落，预知天气变化，因为远离文明、少有杂染的他们保持了一如当初的单纯与明净、直觉与敏感，与天地自然保持一致的节奏与律动。这一切对于他们，都是时时面对、自然而然的，如一棵树、一株草、一汪清潭、一抹晨曦，与眼下的环境妥帖融入，和谐共处，无法割离。文明祛除或消解了很多的敏锐，遮挡中人们已无法与万物直面相见，而他的经验，总是接通远古，接通直觉，回到原点。在荒野，"无论你是否彻底恢复了原始直觉，都会发现许多新鲜的事物并且打开一些梦想不到的欢乐通道"。为了探索自我与自然的神秘感应，他常须逼近生命的源头。

奥尔森背着行囊，划着独木舟，沿着印第安人及探险者的原始小道，去聆听奎蒂科－苏必利尔湖区荒野的吟唱，体验"简朴的愉悦，时光的永恒及对远景的期望"。他到被称作考阿萨韦的神秘禁地，去寻找奇帕瓦人的踪迹，感受圣地的精神源头和远方的呼唤。他站在悬崖之上印第安人的壁画前，思索着先人留下的千古之谜和古老传说。在这个"要怀有敬畏或虔诚之心接近的地方"，虽然他没有发现奇帕瓦人的秘密，但是他说："我领略了他们孤寂古老的美丽、四月阳光的温暖、银光闪烁的冰路以及像蝴蝶般大小的霜花。我看到了低垂的星斗，听到了土狼的号叫，听见了冻结的湖泊第一声深深的呼吸。"在广漠而孤寂的拉克鲁瓦湖边，他只与时光相处，在春天的气息和声响中感受整片原野的呼吸，享受每一个美好的晨昏。"那天夜晚，万籁俱寂，月光下潜鸟开始啼叫，像之前我听到的那样，先是一群鸟猛然飞过水面发出的那种粗犷激动的叫声，随后，是另一群鸟的回应，直到整个宽阔的湖面都充满了它们的歌声。天黑了许久之后，我们依然坐在那里倾听，可是当月亮高高升起时，那叫声非但没有减弱，反而越来越强，又成为一种野性的和声。那是一年仅有一次的、在春季的拉克鲁瓦湖才能听到的音乐。"

在荒野，他接通天地，聆听大自然的音乐，感受草木的气息,看到人类须臾不可离开的背景和依托。"我开始穿过一片宽阔的原野,我想感受脚下的草原,当它还带着晨露,充满清新之时闻它的气息,听它的声音。"在独木舟上,他与山水、天空融为一体,体验河流掌控之中的超然感觉,或者沉浸于久远的回忆之中,激起潜意识中深深的沧桑感,于某个陡然的瞬间直面生活的本质,享受生活的简单圆满。在萨格纳加湖边,他找到家的感觉。"萨格纳加湖的意义已经远远不只是一个湖。它已经将其自身融入我的意识,成为我终身追求目标的一部分,那种真实的、看得见摸得着的东西,一个在价值不停地变化、人们似乎对任何事情都感到不确定的世界里依然令人感到安定可靠、永久不变的地方。"在伊莎贝拉溪旁,他熟悉每一块岩石、每一根原木、每一道急流,这相融相合的生命气息和日日的沾染,情不自禁地让我想起上班天天经过的紫竹院。当读到"当我的独木舟沿着湖岸滑行时,我知道对它们而言没什么变化;沉寂被打破无关紧要。对于饱经沧桑、观看过印第安部落的迁徙和森林驯鹿移栖的湖岸而言,这只不过是它们所熟悉的生命中的一瞬间",我又想起大兴安岭几百年的落叶松如老人般默然挺立、静观。而更多的时候,这些纯美的画面不时将我带回到从前——和奥尔森一样,我与自然的最早记忆也须追溯到童年,追溯到小时候在姥姥家的时光,自然、田野、星空、云朵以及蓝天之上匆匆划过的飞机,都是不灭的记忆和永久的诗。

在长期的独处中,奥尔森享受着自由与宁静:"那是一种荒野的宁静,是一种天人合一的感觉,只有当没有任何视觉和声音干扰时,只有当我们用内心之耳去听、用内心之眼去看时,当我们用全身心而不仅仅是用感官去感受和领悟时,才能够有这种感觉。"有时候,清空才能溢满,"我意识到,没有宁静,就不可能领悟;不从外界影响中解脱出来,人就不可能理解精神的意义。"远离纷扰和人声,回到宁静中,回到纯净之地,与自然万物相处,也是一种人生选择,平静、诗意而又欢喜的选择。当有一日他有机会乘坐直升机深入荒野,被丢向地面、经过了片刻适应才与周边宁静的环境再度合拍的他,陡然间发现了"融入"与"植入"的区别,如此的"植入"原本与大自然是隔膜的、剥离的,文明和速度给他带来的并非美好的体验,空降至此的他未能感受到自身与周遭同频的愉悦,所以他说:"我要奋力来获取我知道能够在那里找到的心灵的宁静。我将再度成为一个鼹鼠,体验脚下岩石的感觉,呼吸阳光下香脂冷杉的气味,感受水花和沼泽地的湿气,使自己成为荒野的一部分。"

在荒野之上,如同山川草木,动物亦是他的朋友,他一边观察,一边欣赏,一边同情和体恤:人与自然、与万物相依并存。旷野中的狼嚎——"那种回荡于群山之中持久而颤动的嗥叫"是他期待的声音。"对于北方而言,那是一种像泥炭沼泽地或北极光似的充满野性和当地色彩的声音。那便是荒野之声,那种自古以来就悠然自得、没有被驯化的声音。"不知为何,读到这里我想起蒙古人兴安画马时说的一段话:"我喜欢这样的马——它不是用来驯服的,它要与人类保持距离,它必须有野性,哪怕是被套上缰绳,它也应该保持自己的世界。"

两者是否有着几分的相像？野性的一切，或许都带着原始的美和蓬勃的活力。因带着荒野的能量气息，动物让他亲近，然而他说："我从未想到要在学术期刊上发表一篇关于松鼠的文章，因为我对松鼠及其行为方式的了解只对我本人至关重要，而对别人无关紧要。"他以内心的热爱去热爱，学术与真热爱常常会隔着一层，他时时都在审美，而非科考。当邂逅北极光并为之震撼，他怀疑科学真相比传说流传得更久远，比超现实的感觉更真实。"印第安武士，爆炸的原子，镭的矿床——那又有什么区别呢？重要的是北极光给了我北的方向，让我真实地感到它们象征着冰雪中的泥炭沼泽地、湖泊及森林那种孤寂荒凉的美丽。那些北极光是我的一部分，我也是它们的一部分。"是的，科学的理性的确缺少了文学的色彩和人性的温度。他的文字充满了色彩和画面感，和不时穿插的速写小画相得益彰，既有生命的感悟，又有哲学的思考，开阔，酣畅，始终激起美好的联想，给人愉快的感觉。

　　书以梭罗的话结尾，在合上的刹那我由衷感叹："一本好书。"同时脑海中亦浮现出程虹在译序中的一句话："现代社会的人们再也无法回归原始自然，只能在记忆中去捕捉那些古朴之美。"

　　（《低吟的荒野》，西格德·F.奥尔森著，程虹译，生活·读书·新知三联书店，2012年8月第1版，2014年6月第4次印刷）

2018年1月29日

安然，安在

——读彼得·梅尔《普罗旺斯的一年》

人真是奇怪的动物，大批的人跑去英国，而英国人彼得·梅尔又跑到法国乡下，在普罗旺斯买下一座房屋，附带一片葡萄园，偕妻子在那里安了家。在那里，他获得了一份安心、安然和别处没有的满足感。

而这满足感，无非又是一些普通而又平凡的乡村生活的细节——和邻居间的往来，与佃农的交谈，参加乡村品酒会和集会，观看山羊比赛，参加自行车赛，在游泳池边晒太阳，到林间漫步，或守望自家的酒窖和葡萄园……文明社会的朋友觉得吃惊，但在他看来，法国乡村的每一天都是那么新鲜有趣、惊奇不断。他一天到晚待在家里或在家门口打转，没有游览名胜古迹的欲望，不想做观光客，内心却是一派的安然。"五月的第一天就有个好的开始，朝霞满天，绚烂如画。""普罗旺斯的深冬，弥漫着一种奇异的虚幻气氛。沉寂混合着空旷，让人生出与世隔绝之感，好像超脱于凡俗之上。"在好心情的衬托下，他的笔端流露出一幅幅普罗旺斯的美丽画面。

他的写法，类似于亨利·贝斯顿《遥远的房屋》。《遥远的房屋》以四季为目录，《普罗旺斯的一年》以1月至12月为线索，均是以一年的周期展开，记录全年的景致和见闻。但从气质和感情上，它更像费伦茨·马特的《托斯卡纳的智慧》。两者都是描写乡村生活，又都是长居于此。彼得·梅尔笔下的普罗旺斯和费伦茨·马特眼中的托斯卡纳往往有着几分相像——同样的质朴、天然和单纯。只是较之于托斯卡纳一贯的平和与宁静，旅游胜地的普罗旺斯在七八月份的旅游旺季，更多地被增添了一份热闹和打扰。在距彼得·梅尔所在的梅纳村不远的蔚蓝海岸，一到夏天更是人满为患。前年夏天我们曾经光临彼地，见识过那番火爆的情景，来自世界各地的人们密密麻麻地躺在铺满石子的海滩上晒太阳，在烈日下努力地感受着一份悠闲。而对于彼得·梅尔和普罗旺斯的人们来说，却是不胜其烦，因为有时候在他们的必经之路上堵车会堵上四五个钟头，耽误了他们出门享受美味的午餐。而此季到来，彼得·梅尔家来自英国的长途电话也会不绝于耳，那是一些即将前来度假"蹭吃蹭喝蹭住"的朋友。"我们待在英国那么久，从不见这些人上门来访，此时他们一反常情变得格外热乎，还很难让我们有受宠若惊之感，反而有些不知所措。"电话铃声一度成为他们避之不及的事情。他的邻居，八月份索性把房屋租给前来度假的英国人，自己则拿着房租到巴黎待上一个月，邻居还提醒他们：到时候所有巴黎人都会南下普罗旺斯，还有不计其数的英国人、德国人、瑞士人和比利时人。附近的圣特罗佩也是同样光景，村子里的人厌倦了这份热闹，甚至有人产生搬出去的想法。同村的曼尼古先生给他讲起有人搬离的原因，竟然是"每年八月，随便什么时候都有五千人在海里偷偷撒尿"。村里人淳朴，但淳朴中常常不经意地流露几分粗野，似乎又不像费伦茨·马特笔下的托斯卡纳始终如一的温文尔雅。读到这里，我禁不住有感而发地在书页上批注："和费伦茨·马特的托斯卡纳相比，这家伙的普罗旺斯更入世。"

当然，费伦茨·马特来到托斯卡纳是他在年近古稀、游览了世界、经历了世事之后，仿佛一种回归。而彼得·梅尔来到普罗旺斯之时应该只有三十几岁，重在体验。法国的佃农、建筑工、修理工、垃圾工、保险推销员、邮递员的种种做派，无论是拖沓、不守时、信口开河还是亲和友善，在一年中他都领教和见识了。包括普罗旺斯冬天的狂风大作和刻骨寒冷伴随着人们的抑郁和自杀，他都体验和看到了，但他依然爱这个地方。他说："我们没有电视，也就看不到那些怂恿消费的夸张广告。我们也听不到唱诗班唱颂歌，没有公司年终聚餐可参加，不必掐着日子抢购东西。我喜欢这种感觉。"久而久之，当他偶然间再回到文明社会，遭遇文明社会矫揉造作的男男女女，他发现自己的观念已被彻底改变。当巴黎上流社会的朋友造访或邀请他参加"文明的"活动时，他说他在普罗旺斯欣赏着自家的葡萄园，品着葡萄酒，兴致盎然地参加着村里的各项活动，看着邻居马索拎着猎枪走进树林寻找猎物，偶遇时给他讲述普罗旺斯的前世今生，他忙得不可开交，内心却充实饱满，安然、安在。他的心已经远离了文明社会，寄托在了这淳朴的乡土。在这个意义上，他又回到了托斯卡纳，和费伦茨·马特找到了契合点。

在对于美食的享受上，普罗旺斯亦堪比托斯卡纳。彼得·梅尔说："法国人的诸多特质之中，我们最喜欢甚至最钦佩的一点，就是他们对美食全心全意的追捧。"他会用他的亲身经历告诉你，如果你买了村里某一家的小牛肉，技法娴熟的店主人不但会给你配一小包香料，还会指点你到哪家店买最好的辣椒，而且告诉你一定是四个青椒配一个红椒，看起来才有美感，然后再详尽地告诉你烹饪的方法，最后建议搭配上好的罗纳河谷的酒，热情的解说才算尽善尽美地结束。在普罗旺斯，村民的一顿饭常常会吃上两个小时，如果是宴请，从中午到晚上，常常会吃上四五个小时。这里有颇为中立并有专业水准的美食指南，有拥有传统手艺的厨师或美食家撰写的美食书籍，能够给你就餐提供专业的建议。有些人在家里经营着自己的小餐馆或咖啡店，给村里村外的人提供丰盛的美食，常常是七八十岁的妻子是厨师，丈夫是服务员，一边跟你聊天，一边随机地搭配着你餐盘里的各色餐点，给你丰富的美好享受。村里的常客往往坐在他惯常就座的位置，抽烟闲聊，一到中午就离开咖啡馆回自己的家。当初次到来的客人向咖啡馆主人提出扩大经营规模的建议时，他们通常会微笑着摇摇头："这里就很好，我什么都不缺。"的确，追求无止境，任何事情都要适

自然卷：安然，安在

可而止。和彼得·梅尔安心地待在普罗旺斯一样，这份满足感弥足珍贵。

在北京发出雾霾红色预警的此时，望着窗外朦胧难辨的楼影，无论普罗旺斯还是托斯卡纳，都令我十分神往。

值得一提的是，书中《普罗旺斯的农舍》《远处有阿尔的雪景》《阿尔夜间的露天咖啡座》《老磨坊》《黄房子》《鲜花盛开的花园小径》《鸢尾花》《盛开的蔷薇》《红色的葡萄园》《罗纳河上星光灿烂的夜空》《拉克罗的收割和蒙马儒尔》《制图板、烟斗、洋葱和蜡烛》等梵·高创作于阿尔的二十余幅插画十分讨人喜欢，有些我十分熟悉，有些则是首次看到，这些插画，给这部作品增色不少。

（《普罗旺斯的一年》，彼得·梅尔著，王春译，南海出版公司，2011年5月第1版，2016年5月第16次印刷）

2016年12月20日

生命因应，四季轮回

——读乔治·吉辛《四季随笔》

"春天蓝色的眼睛在云霞之间笑我，阳光照耀到我桌上，久久地让我差点儿发疯，因为鲜花盛开的大地多么芬芳，山坡上的落叶松多么翠绿，高地上的云雀唱得多么悦耳。"春天来了，人生的四季开始了。而这位英国的穷作家，却在大好的青春里，度过了艰难跋涉的日子。"我十六岁就开始自立了——我不得不把挣钱视为其目的的本身。"缺钱的日子对他的影响太过深刻了，即使晚年生活相对优裕，他依然无法忘怀青年时期金钱对他的折磨。他的回忆录，就从这里开始了。虽然彼时他已经有了相对安稳的住所——"这房子我租用了二十年，在此期限内它是我的"。虽然彼时他已接近暮年，但实际上是在数着年头生活："我能希望再看到几个春天？性情乐观的人会说十年或十二年。就让我冒昧谦恭地希望五六年吧。"而彼时的他对自己所拥有的一切依然如此珍惜。在租来的住所里，他欣喜地说："在英国，这便是我选择的住所，我的家。"展望

自然卷：安然，安在

自己或许只有五六年的未来，他也异常满足："这够多的了，五六个春天，从白屈菜最初长出来到玫瑰发芽，都受到可喜的欢迎和亲切的关注，谁会冒昧说这是一种吝啬的恩赐呢？五六次大地重新穿上盛装所表现出的奇迹，和我们从来无法用语言形容的壮丽与妩媚，展现在我久久注视的眼前。想到这一点，我就担心自己要求得太多了。"是的，和他大半生流离失所、朝不保夕，为一片面包挣扎拼搏的过往相比，晚年的他得到一处安稳的住所和一份安闲的生活，在他的自我感觉里已是十分奢侈了——那是他青年时期做梦也不曾想到的。

如此不堪的人生，时常让作为读者的我产生悲悯。就像他自己所说，为钱而奔波的人生大概是最悲哀的人生了。尤其对一个富有才华和天赋的创作者，无法将精力和大好的时光用于自己的创造和创作上，是多么痛苦、多么遗憾的一件事。回首往事，他总结说："凭着我一生留下的可怕的经验，我得说那些鼓励青年男女在'文学'上寻求生计的人，只能是在犯罪。"这令我想起就在不久前，我还曾严肃地对一个想要报考中文系的年轻女孩说："文学是值得一生奉献的事业。"那么，我也是"在犯罪"吗？想想当今文学（尤其是纯文学）的遭遇，选择了这条道路，将给一个怀有梦想的青年带来怎样的人生呢？事实上，的确，我也是不确定的。在文学的道路上，虽然自我沉迷，甚至将文学的美奉为信仰，但我究竟不以文学为生，那么，我就真的可以如此"不负责任"地"鼓励"青年吗？想到这里，我的内心未免有了一丝迷茫。

第一辑 回到最质朴的所在

没有积淀或命运不济的人生的确必须先为维持温饱的物质和金钱而奋斗，虽然无奈，却也只能如此。当人跟吉辛谈起钱买不到最宝贵的东西，不是最重要的，他会用自己的切身经历和刻骨感受回敬对方："你对我说，钱不能买到最宝贵的东西。你说的这句老生常谈证明，你根本不了解缺钱是个啥样子。我想到，自己生活中由于每年缺少那几英镑，就得遭遇那一切悲哀和无聊，这时我真被钱的意义吓呆了。"是啊，早年的他在大都市伦敦常常为一顿六便士的早餐发愁。那时的他在一条肮脏小巷的一张肮脏的松木桌上进行"文学创作"，无心去多看一眼伦敦的天空，甚至不知道多少个春天已经来过。他没日没夜地"工作"，码字，讨好编辑、出版商和公众。"独立，确实啊！假如我写的东西不中编辑、出版商和公众的意，我从哪里得到每天需要的吃的？我的成功越大，我的老板就越多，我是众多人的奴隶。"一个写作者的悲哀，在于为了糊口而写作，为了内在的幸福和快乐自由地去写作是一种福报。然而我们无法苛责他，趴在写字间里做着苦工的他比谁都明白，也比谁都焦虑："我不无恐惧地想到在办公室耗尽的生命，在那你得服从一个老板。文学这一职业所具有的荣耀，就在于它的自由、它的尊严！"其实，不仅仅是吉辛的时代，即使今天，办公室也确如囚室，扼杀了多少鲜活的灵性与创造，扼杀了多少自由蓬勃的根苗。我，不也在抗争中吗？人的一生也许并不需要太多的金钱，但没有金钱与物质的保障，一切都将无从谈起。精神的绚烂不是建立在空中楼阁之中。早年的吉辛抛开所有的诗意与幻想,就是在最现实的人生中体味到这一切的吧——穷苦的、为下一顿餐食而焦虑的人无暇奢谈诗意,亦无法顾及幻想。

当然,执着的信仰者和深刻的热爱者并未丧失自己的目标和方向:"我的面前有一个目标,它不是普通人的目标。即便深受饥饿,我也没有放弃心中这个目标。但是这样一个明智而热情的青年,满怀美好的想法,却在贫民区的寄宿房里忍饥挨饿。"在挨饿的日子,在物质食粮和精神食粮的矛盾、冲突与纠结中,他不止一次做出倾向于精神和心灵的选择。"我买过许多书,而花的钱本来应该用到生活中所谓的必需品上面。有很多次我站在书摊或书商的橱窗前,心中的渴望和身体的需求彼此冲突,使我备受折磨。就在用餐时间,我的胃叫嚷着要吃东西,但是我看见一本垂涎久已的书时停了下来,我注意到价格如此划算,'无法'放弃它,然而要买它就意味着得忍受饥饿的痛苦。我那本赫尼的《提布卢斯》即在这样的时刻被抓到手的。""六便士是我身上所有的钱——是的,我在世上所有的钱,它可以买到一盘肉和蔬菜。"有关金钱的记忆对于他来说是深刻的,早年的他无法摆脱那样的处境,但即使在最饥饿的时刻,书籍对他亦有着更强烈的吸引力:"在我拥挤的书架上另有不少书如此,把它们取下来,我就会多么栩栩如生地回忆起一次斗争和胜利的情景。在那些日子里,钱除了能获得书外,对于我不代表任何东西——我对其他任何东西都不关心。有些书我非常非常需要,它们比身体上的营养更重

第一辑 回到最质朴的所在

要。"贫困的选择依然是暂时的,作家,不,是真正的作家,在本质上仍然属于精神和乌托邦,而对于一个保有艺术冲动的天才,脱颖而出就是势不可挡的了。我赞同吉辛所说——"艺术家是天生的而非造就的",这天生的优异可能使他缺少朋友,保有孤独,无法与周遭达成"心智上的协调",而也是这孤独,注定了他的优异和与众不同。

今天,不堪的日子都过去了,他的境况已有所不同,他可以轻易地买到自己想看的书了,而且,他已能够留心到周遭和大自然的美丽:"在这快乐的德文郡,春天早早到来,使我欢喜。"一切都已变得全然不同:"今天,在我整个花园四周传来鸟儿响亮的欢叫……这是一种赞美的合唱,大地上任何孩子都没有这样的声音或心境唱出这样的歌来,我听着的时候,被那欢天喜地的合唱感动得难以自制。那热情洋溢的喜悦多么温柔亲切,我的生命融化在其中。我怀着不知多深的谦卑,两眼模糊了。""那真是春天灿烂宜人的好天气呀。几朵白云飘浮在蓝天之上,大地散发出醉人的芳香。"自己的幸福与灵性,也正在被花儿唤醒,诗意的感受和感觉正在垂青于他。"对于我,花儿象征着一种极大的释放,一种奇妙的苏醒。我的眼睛突然打开了,那以前我一直在黑暗里行走,而我却不知道。"一切征兆表明,摆脱了贫穷的新的生活正在开始。"每天早晨我醒来,我都感谢上天给了我安宁。"在这样的日子里,他也有了像梭罗一样的心情,悠闲地到附近的林中漫步,与大自然交换信息与能量,使内在的自我保持清新与清亮。

自然卷：安然，安在

"还有比这更为奇妙的吗？当春光明媚之时，有多少人能在某个早晨发现自己非常安宁，以至能够全身心地享乐天地间的壮美？每五万人当中有一人能这样吗？想想吧，如果一连五六天一个人都能够静静地思考，而不会受到任何忧虑和当务之急的打扰，那么命运一定赐予了他多么非凡的厚爱啊！"我倒是有过两个月安坐思考的"清闲"时光，但遗憾的是，那是去年拿病假换回的。两个月当中，我虽足不出户，但却产生了多么丰盈的人生思考啊！甚至，一本新书就此诞生了，它的命名似乎还隐含着某种庄严的意味——《觉知，觉醒》。

静心思考，是一种幸福；不思不考，或许是一种更大的幸福。"周围这片美丽的世界让我欣喜若狂，我甚至忘记了自己。我享受着，既没回顾过去又没展望未来。"那是佛家"如如不动"的幸福吗？当一个人能够安顿下来静享自然，那么他离幸福真的就不远了，抑或，他正处于幸福中。然而，彼时的他也已不再年轻，已是一个53岁的人了。有时他不敢相信，有时他又异常珍惜和眷恋："我像应该的那样获得了享受吗？从我有了自由那天起，我已四次目睹岁月的新生。每当紫罗兰让位于玫瑰时，我总会产生一种恐惧，害怕自己得到上天的恩赐时没有充分珍惜。"

在这种美好的感觉里，不知不觉夏天来临了。看着眼前树木花草的细微变化，他心里的赞美与惊奇无增无减。"它们现在又一次离去，当我转向夏季的时候，一种疑虑与喜悦交织在一起。"

第一辑　回到最质朴的所在

记忆与现实在他的头脑中仍然不断地闪回切换，引起万千思绪。当夏日的海滩展现于眼前，他想到少年的他曾经毫无顾忌地跳入海中欢乐嬉戏的情景，而今天他已是力不从心；他想到对于青年的他来说到海边度假曾是可望而不可即的梦想，然而今天，他的梦想实现了，却陡然间发现，他已没有下海的心情和意愿，只有回忆使眼下的时光再度充实和饱满。年轻时，他曾渴望游历四方，然而今天，他说："我现在所剩下的生命与精力，远不能享受我对这座亲爱的岛屿的了解与知道的一切，以及我所希望知道的一切。"这种暮年的无力感，给这本书罩上了一层忧郁的色彩。年轻时能够享受而不得享受，当年老时能够享受而又无力享受，那是怎样的凄凉与感叹！

所幸，心安是福。人生自有它的轨迹，每个阶段都有它自身的美。暮年的吉辛所获得的，是身心的宁静，它被视为人在精神上所能获得的最好的恩惠。"在所有事物中最难获得的，在所有事物中最难保存的，就是宁静，它是最高尚的心灵所得到的至高无上的福分。"

在暮年的时光里，他在一点点校正自己的看法，人生仿佛也在一点点回归到最本原的位置，他渐渐地有了一种"回家"的感觉。对于读书，他说："我读的东西比往常大大减少，而思考的东西远比过去多。但不能再指导生活的思想有什么用处？"对于旅行，他说："我的年纪过大，习惯也已根深蒂固：我不喜欢铁路，不喜欢旅店；我会想念自己的书房、花园和窗前的景色；另外，我也非常害怕死在异域他乡而非自己家里。"家，已成为他最安心的处所："拥有一个'家'，这样的福分是无法用语言表达的！尽管我对它已仔细想了三十年，但当一个人确信彻底到家了时，我从不知道心中的喜悦有多么深刻、强烈。"守着自己的家，无论散步，思考，回忆，写作，都是无上的幸福。

"这一年阳光充足。一月又一月，天空很少有不亲切仁慈的时候。我几乎没有注意到时间从七月进入了八月，又从八月进入了九月。"经过了夏天的炙热，秋天又如期到来了。人生也仿佛处在了秋天略带寒意的背景里。"如今我们在人生的秋天里，回忆着那些遥远的人和事。"

秋天仿佛是一种暗示，使他沐浴在淅沥的小雨中，亦使他联想到人生的悲剧性：智者们极力想永恒，但这只是一个黄粱梦。那些心灵纯洁的人，那些受苦受难、不无悲哀的人，那些正义的牺牲者，无不彻底归于宁静，归于承载着他们冷冷的尸体在无声的太空不断旋转的地球。这样一个悲剧最可悲的方面，在于它并非是不可思议的。"这一天终将来临：即对于所有活着的人，'最显赫的名字'也将只是一个空洞的象征，并受到理智和信念的排斥。然而悲剧仍会继续演下去。"人生的规律终归是不可抗拒的，他的身体偶尔出现了失调，而身体的状况又直接影响着精神状态。当身体或精神遭受危机时，他偶尔用斯多葛派的学说去疗伤，到马可·奥勒留·安东尼那里去寻求精神上的慰藉，以至于有一段时间，马可·奥勒留·安东尼成了他的枕边书。然而身心的困顿无法彻底击垮一个人，正如他自己所说："一般受过教育的人从来没有完全孤独无依过。"他已然有了他无比丰盈的内心世界。

而对于机械的劳动，对于在机械的劳动中耗费的时光，对于伪饰在劳动之上的赞美，他依然耿耿于怀，在他看来，"田野里的某个劳动者，竟然同畜生一道辛苦地并肩干活，这既不令人渴望又没必要"。在这点上，纳撒尼尔·霍桑与他有共鸣。霍桑有这样一段话："啊，劳动遭到世人的诅咒，谁要是沾上它没有不相应的变得粗野的。我把五个月的黄金时光用来为牛马提供食物，这是一件值得称颂的事吗？不是。"的确，人的一生有多少时间是浪费在争取温饱的琐事上啊，理想的人生本应让擅长创造的人作专心的创造。而世间又有多少人拥有了这样的幸运呢？人们说，时间就是金钱，吉辛说金钱就是时间。庄严的文学和艺术很难与金钱发生多大的联系，很多的文学家、艺术家像吉辛那样，在挣扎中度过了困顿的大半生，甚至终生不得摆脱——而金钱，假如他们有的话，又将为他们兑现多少的时间啊！当然，贫困也是一场考验，上天注定了的文学家、艺术家在贫困中统统超越了贫困。

到了深秋时节，心中依然燃烧着生命的热望，他享受着在休憩中与大自然融为一体的美妙感觉。"太阳西沉以前，夜色会在我们周围降临，请再给我把酒斟满吧！"

然而时光，终将无法阻止冬天的脚步，空气中渐渐有了寒冷的气息。"我今天漫步在金色的阳光下——这是快要结束

自然卷：安然，安在

的秋天一个温暖宁静的日子——这时突然产生的一个想法使我停住了脚步，并一时感到有些迷惑。我对自己说：我的人生结束了。无疑，我应该已经意识到这个简单的事实，它当然已成了我思考的一部分，经常影响到我的情绪。""难道这就是一切了吗？人生会如此短暂、如此徒然？我会闲散地劝说自己，从真正意义上讲人生才开始呢，辛苦工作和担惊受怕之时根本不叫生活，现在只需凭借我的意志就可以过上值得尊敬的生活。那会是一种安慰，但它掩盖不了这一事实：我将再也看不到眼前展开的可能出现的事物和希望。我已'退休'了，人生对于我的确像对于退休的商人一样，已经结束了。"

冬天来了，他的家里生起了炉火。"此刻，在海煤的炭火快要熄灭时，我觉得自己享受到无比的舒心与宁静，以至非要在睡觉前写一写不可。"暮年的他依然在写作，而与早年谋生中的挣扎相比，今日的写作有着由衷的自由、愉悦和满足。他安然地回顾往事，即兴地谈论英国的食品、下午茶、古老传统和民族品性，用富有前瞻性的眼光谈论科学与文明的冲突，随意地发表最真实的看法，而且再也不用为金钱烦恼。只是，联想到自己来日无多，虽无恐惧，但陡然间他也常会流露出隐隐的感伤："我一天天地看着酸橙树上那些珊瑚色的蓓蕾。在它们开始发芽之时，我的喜悦中便会掺杂进某种遗憾。"

他急切地盼望着春天再度来临，他也知道总会有一个春天会永不再来。"好啦，在我死前我会再读一次《堂吉诃德》。"他说。散步回来的路上，他意识到，四季轮回即将结束,新的轮回又将开始了。"这么说,一年又走完整整一圈了。多么快啊!哎呀,多么快啊!自从去年的春天之后,难道又过去了整整十二个月吗?"他不敢相信,而这是事实。在书的最后,他不无深情地总结道:"如今,我的生活圆满了,它开始于幼年无忧无虑的幸福,并将结束于成年富有理性的平静。有多少次,在我长时间费力地写作某一部作品,并最终把它写完时,我把笔放下,感谢地吸一口气。作品里充满错误,不过我写的是真诚的,我在时间、环境和本性许可的情况下尽了力。但愿在我最后的时刻也会如此;但愿我在回忆生活时,把它看作一项已经适当地完成的长久的任务——是一部传记。虽然错误不少,但我尽了最大努力把它写好——我现在唯一想到的是满足。怀着这个想法我将在发出'结束了'的低语后,欢迎着随后到来的安息。"

合上书本,我的心久久不能平静,被他带入沉郁感伤的调子里。生命因应,四季轮回,吉辛去了哪里,时光去了哪里?

(《四季随笔》,乔治·吉辛著,刘荣跃译,四川文艺出版社,2014年10月第2版第1次印刷)

2017 年 2 月 16 日

自然卷：安然，安在

开悟的旅程
——读杰米娅·勒克莱齐奥、
J.M.G. 勒克莱齐奥《逐云而居》

这本书记录的是杰米娅作为哈姆拉尼亚人后裔，在离开族群投奔文明社会多少年后再度回到其祖先居住的地方——沙漠中的撒瑰亚·哈姆拉河谷去追根溯源的经历。读完了全书，我头脑中对于撒瑰亚·哈姆拉这个神秘河谷的具体方位依然是模糊的——在摩洛哥？还是在墨西哥？毕竟书中所记录和讲述的一切对我来说都太过遥远、太过陌生了，然而于这偶然的机缘里，它却让我看到世界上又一种不同的存在，对我来说新奇而又新鲜。而它在杰米娅内心中所留下的，则是剧烈的冲击、碰撞和思考，剪不断、理还乱的纠缠与挂牵，以及你中有我、我中有你，古老与现代交织的无尽思绪。

寻找的过程仿佛时间的回溯，从现代到古老，从文明到原始，直至走到白云之下、大漠之中那片不毛之地，直至看到杰米娅的族人还在那里繁衍生息，守着始祖的墓室，依循着祖先留下的遗训与传统，过着单调但却自足的生活，用细腻敏感的眼睛与心灵谱写出自己的史诗、音乐与诗歌，用他们日常的生活形态和平和心态教导着现代人从单一中领略美与丰富，从空旷中见识磊落与博大。他们在天之涯、海之角，在云之端、沙之上，他们被时间、被命运、被冥冥之中机缘的造化裹挟在苍天与大漠之间，被赋予了亲近自然、依恋荒漠的本性与性格，在那里，他们构筑着自己的生活与文明，酝酿着自己不为人知但却深刻真挚的情感世界。他们走了，他们还会回来，那是他们的根、他们的家，即使如杰米娅，经历了几代人的记忆磨蚀，貌似与这里不再有任何瓜葛，在她的记忆深处，抑或潜意识里，依然依稀存留着丝丝缕缕模糊的印迹，促使她总是惦记着这么一个地方。而当终有一日机缘巧合克服重重困难踏上这片土地，其血脉中与这里千丝万缕的联系便于刹那间被激活了，在与族人的交谈中，在族人温和亲切的眼神和拥抱里，她都找到了父母的影子，找到了祖父母、外祖父母的影子，继而她看到了她自己。那一刻她找到了寻根的意义，校准了自己的方位，从祖先、从根源之上获得了一种新生的力量与勇气。他们不敢相信，然而他们相信了，他们说"撒瑰亚·哈姆拉是真实之所"是"一片充满能量的冥想空间"，"我们来这里所追寻的东西不正是——根的标记"吗？这个地方，他们离开了太久，这个地方，又随时给予了他们太多。在这里，他们重温了祖先的豪迈壮举与神迹，在这里，他们获得了取之不竭的精神启迪。"当西迪·艾哈迈德·阿鲁西向沙漠民族讲经布

自然卷：安然，安在

道时，他没有其他后盾，只有信仰；没有其他修饰，只有将他环绕的黄色大地与岩石；没有其他笃定，只有这片广袤；没有其他证明，只有他的孤寂。"如今，他们的这位祖先留在撒瑰亚·哈姆拉河谷旁的只剩下一座坟茔，然而，"他将这座河谷赋予阿鲁西纳人，将其变为他们的出生之地、必经之路和临终之所。而他，从未离开他们"。他在这里，在这片他开拓、守护并永久安眠的土地上，依然与《玛斯纳维》诗歌中空灵缥缈的句子作着深切的呼应：

> 我身处的是乌有之乡，
> 留下的是乌有之迹。
> 我既非灵魂，亦非肉体。
> 我属于被我爱的人，我看过
> 两个世界合二为一。
> 这个合一的世界向吸着气的人类呼唤
> 而且洞悉
> 最初，最终，外在，内在。

而眼下的河谷，在即将告别之时，重新沉浸在一片孤寂之中，它"漂浮在一片沙海之上，没有开始，也没有尽头"。告别之后，仿佛又随时等待着杰米娅的归来，"而杰米娅呢？似乎这终极的一步从她身上带走了什么，同时又给她带来确定的真实。或许被带走的和带来的是唯一的同一件东西。在内心，在岩石中心，在存在的中心，一扇门向'道'敞开了"。但愿，那是一个开悟的旅程。

（《逐云而居》，杰米娅·勒克莱齐奥、J.M.G.勒克莱齐奥著，张璐译，布鲁诺·巴尔比摄，人民文学出版社，2017年1月第1版第1次印刷）

2017 年 4 月 30 日

为幸福来到世间
——读纪德《人间食粮》

在图书网站搜索诺贝尔奖获得者散文作品,搜到了纪德的《人间食粮》。这是我第一次接触他的作品,不知道能从中捕捉到什么。

"纳塔纳埃尔,绝不要同情心,应有爱心。""不要明智,要爱。"同时,他在文中不下三次地对纳塔纳埃尔说:"纳塔纳埃尔,我要教会你热情奔放。"读到这些句子的刹那,我感受到一股源自生命深处的温热的气息,直到读完依然如此。

当他感觉"空气也仿佛负载着光亮。美妙而沁人心脾,几乎是活泼的,就好像在欢笑";当他被果实累累的树木枝弯激发出内在的生命热情,道出"让空气尽情地抚摸你,让阳光尽情地照耀你,让幸福盛情地邀请你";当他置身广袤的大自然观照自身并得到启示,说出"你只需自身汁液的冲腾和阳光的召唤,就能挺直地生长",从他心中和笔下流淌出的这些散发着阳光的句子总是天然地吸引和感召着我。那一刻,我又一次地感觉到，阳光、喜悦的文学和艺术因与内心相合相契才是我的最爱。纪德说："多愁善感是一种病症，那些颓废派文学艺术家，全是神经官能症患者和歇斯底里的人。"而当看到他说"我只喜欢能呼吸并活着的东西"时，我忍不住在旁边批注："我也喜欢，如星云法师说的'活水人生'。"那是我最为欣赏的人生状态。

有些人天生受着幸福的指引，正如在纪德的意识里，"人就是为幸福来到世间，自然万物无不这样指点"。他说他早就觉得，快乐比忧伤更珍稀、更难得，也更美好，快乐对于他来说，不仅是一种天生的需要，还成为一种道德的义务。"幸福并思考的人，可谓真正的强者。"所谓痛苦，都是虚构出来的，"从自然万物到人类，生存的幸福远远超过痛苦"。在对于幸福的看法上，他或许比叔本华走得远。当然，叔本华的感觉对他自己而言也是真实的。但无论如何，一个人的幸福和快乐无疑将辐射到他周遭的世界，辐射到他的文学艺术和一切的创造之中，使他的作品布满了阳光，浸满了暖意。在纪德看来，大自然所有的美景都是内心美景的回声，幸福会滋生出许多美好的情愫，"善良不过是幸福的辐射"。正因自身具备，他才能说出："谨慎、良知、良能、善良，我根本想象不出人不具备这些品质。"而万物都在快乐的指引下趋向进步。而他自己则感到"一起床便立即感到生命在奔流"。他说："大智者就会领悟，真正的幸福用不着准备。"

他无法被世事世情和公理观念束缚——事实上，受神指引的人都是不被束缚的。"已经公认的各种概念、原则,我的思想没有亲自辨识之前概不接受。况且我也知道,最响亮的话也是最空泛的话。"但他被大自然感召,大自然给了他许多启示,为他的生命注入了许多野性的活力。他随心随性。在凯斯唐贝尔,"九点半。在树林。去凯斯唐贝尔一趟,又原路返回;跑这一趟无所收获,但是一路景色宜人"。在旅行的途中,他"呼吸着充满新开放的欧石楠花香的清晨空气",这气息令他陶醉。在土耳其,游得兴味索然之时,他买了三件袍子,"一件绿色的、一件苋红色的,每一件都饰有金丝。绿袍反光呈紫色,适于思考和研究的日子穿着。苋红袍子反常呈银白色,我要写剧本时就用得上了。第三件是火红色,逢怀疑的日子我就穿上,借以激发灵感"。在卡马雷和普瓦角,"森林景色极美;我坐下来,因是独自一人,我就作诗"。在海边,他看到"渔网顺着桅杆落下,形成长长的褶纹,近乎透明而看不见,但因海盐浸染而成棕色,淡淡的,几乎遮不住后面变幻不定的远景"。他的文字很有画面感。

他热爱大自然,热爱一切,爱,几乎成为他生命的关键词,"我们对事物的欲望,主要不是想占有,而是施爱"。他"把爱的一切"称作上帝。认为"智慧并不存乎理性,而是寓于爱中"。爱,使他的生命充满了热情,他迫不及待地想要将这一切灌输给纳塔纳埃尔:"纳塔纳埃尔,我们走向万物:我们将陆续接触那一切。""纳塔纳埃尔,我要告诉你:一切事物,都异乎寻常地自然。""解脱啊!自由啊!我的欲望能抵达哪里，我都必定前往。"爱，使他的心变得明净柔软，他在自己的文字里描述大自然的变化和状貌。看到树叶变成了金黄色，他说："我离群索居，觉得这事儿和世上任何大事件同样重要，值得提一提。"

他用充满爱的眼睛向纳塔纳埃尔传递他看到、经历的各种各样的事情，告诉他有一天夜晚，他和相遇的人兴致盎然地喝酒并以歌谣吟唱；告诉他"我曾睡在草垛上，也曾睡在麦田的垄沟里、沐浴阳光的草地上，夜晚还睡在饲草棚；我曾把吊床挂在树枝上，也曾在波浪的摇晃中成眠，睡在甲板上或者船舱狭窄的卧铺上，对着木讷的独眼似的舷窗……我也曾睡在奔驰的火车上，无时无刻不感到在行进中"。告诉他"有些住所环境极美，但是无论哪处我也不愿久留。担心门窗一关便成陷阱。那是禁锢精神的囚室"。告诉他，在罗马，"卖花女来向我兜售玫瑰花，空气中弥漫着芳香；在佛罗伦萨，我坐在桌前，就能望见那上涨的阿尔诺浑浊的河水"。兴致来时，他索性说："纳塔纳埃尔，现在我给你咏唱《我解除干渴的圆舞曲》吧！"接着，他便唱了起来：

　　我喝过玻璃杯中的饮料，
　　杯子薄得令人担心：
　　唇触即破，遑论牙齿。
　　杯中的琼浆特别甘美，
　　我嘴唇几乎毫无隔阂。

· 97 ·

自然卷：安然，安在

> 我也喝过软杯中的饮料，
> 只要用手稍微挤压，
> 汁液就会升到唇边。
> 我还用客栈的粗杯，
> 饮过甜腻腻的糖水，
> 那是顶着烈日走了一天，
> 薄暮时分投进客栈。
> …………

他主张按照本能的感觉去生活，这文字里的随机随性与自然和谐也是一种本能的美吗？

他丰富的经历换来这些文字，与后人相遇。

有时候他会停下来问："谈什么呢？既然不是做文章，也就无须选材……那就信手拈来！纳塔纳埃尔，信手拈来！""现在我不想对你讲述，是不愿意在书本中诋毁什么。恐怕你也了解，本书中没有人物，就连我本身，也仅仅是个幻影而已。"

"等到我再也听不到大地的声响，再也吮吸不了大地的甘露那时候，你就会来了——以后也许你要看我的这本书——要知道，我这部书稿正是为你写的，考虑你对生命的好奇心大概还不够，还未以应有的态度赞赏自己的生命这一惊人的奇迹。"他始终有对象，有述说的对象，想必这也是一件幸福的事。

第一辑　回到最质朴的所在

"我这本书，就是为你写的哟，纳塔纳埃尔！"他说。那么纳塔纳埃尔又是谁呢？他说："我写这本书是为一名少年，一名像我十六岁时那样，但更自由又更成熟的少年，为他日后能从中找到他惴惴不安提出问题的答案。"他想把他引向自然，引向爱，引向未来那充满新奇和幻想的一切。

他的生命中分明有着一股力量，促使他成为鲜明的自己。他说："我同这个时代没有多大接触，而同时代人的种种游戏，也从未引起我多大兴趣。"但他时时感到他的生命亟须焕然一新，他于生命的每个瞬间又都能感到自身携带着无尽的财富，"每一瞬间都有新鲜感，都是一种难以描摹的馈赠"。他的文字、他的足迹，都要抓住这每一个瞬间的新奇，在生命有如瞬间的存在里，凭借本能的感觉去生活。在他看来，"每个人身上都蕴藏着极大的可能性"。人类必须超越现状，要摆脱从前保护自己、今后奴役自己的东西。

但即便如此，他依然感觉到自己多变的生命中有着一条不变的线索，如果说那是信仰在映照人生的话，他又隐约地感到他心目中的上帝不是众人心里的上帝，他说："仁慈的上帝和希腊诸神两相比较，我更倾向于信奉希腊诸神。不过，我也不得不承认，那种多神论极富诗意，也就等于一种根本的无神论。"那么支撑和指引他的是什么？

从他多处的论述中我们不难发现，他理解的上帝几乎等同于自然，等同于爱，等同于生命深处源源不断的对生活的热情。他说："事物都来去匆匆，唯有上帝永存，上帝并不久

· 99 ·

自然卷：安然，安在

驻于物体之内，而是寓于爱中。""我心中感激，便每天创造上帝。每天醒来发现自己存在，就不免惊奇，赞叹不已。"他将上帝的神性融入生活的人性和日常性之中，认为"基督正是放弃了神性，才真正变为上帝"。他说："我无从知晓我出生之前是否渴望生活，但是现在既然活在世上，我就理应享受这一切。""常怀感激之情，我就懂得将迎面而来的一切化为快乐。"由此，他对世人对宗教的理解产生了怀疑，"我始终赞赏《福音书》中追求快乐的非凡努力……真正的基督徒，喝纯净的水也足以沉醉……然而，经过人们的可恶阐述，才导致崇拜《福音书》，圣化了悲伤和痛苦"。他说："绝不要接受你能改变的任何不幸。""不要原样接受别人推荐给你的生活……不要相信另一个世界的生活，不要用来世生活来安慰现世生活，来帮助我们接受现世的苦难。"读到这里，我不禁想起林语堂在《美国的智慧》一书中谈及宗教和信仰时，也曾说过其无法接受宗教中"受苦"和自我推定"有罪"的部分，认为那是"宗教不求进取的自虐和头脑中的假想"，他认为宗教不应束缚和压抑人性和自我中光明的部分，而应使之得到强化和发扬。在本书中，纪德则扮作上帝的口吻说："有些人口口声声自称是我的子民，借口为了更好地崇拜我，就无视我在世间为他们准备好的一切。不错，恰恰是把我称为天父的人，为了表达对我的爱，就苦修斋戒，弄得日益消瘦，他们怎么能推想我看着会高兴呢？"

"我准备称为神圣的，就是上帝本身也丝毫改变不了的一

·100·

第一辑　回到最质朴的所在

切。"也就是说,有比上帝更高的法则、自然律吗?

是的,正如"任何美德,唯有舍弃自身才能圆满",上帝是隐而不见的,他创造了万物,又分散在其中;在隐匿、消失的同时,又随万物反复重现,同万物融为了一体。他不在,又遍在,"你关闭的每扇门外,无不站着上帝"。上帝就是一个形状不定、无所不受的容器:"内壁能无限扩展,能装下每人喜欢放进的东西……假如我放进去的是对自身的关切,以及对我们每人的慈悲,那么我对这个容器怎么能不充满爱呢?"在他看来,人需要上帝并不超过上帝需要人。"上帝支撑我,我支撑上帝,我们同在。我这样想,就和天地万物融为一体了,同时,我也就融解并化入芸芸众生之中。"这不就是东方的天人合一吗?

上帝是多变的,有时候,他仅是一种象征,一种自我的反映方式。"尽量以明亮的目光瞻仰上帝,而我却感到,这世上我所贪图的每件物品,都变得不透明了,正因为如此,我才贪婪尘世,整个世界才很快就丧失了透明性,或者说我的目光失去明亮,我的灵魂再也感知不到上帝,抛开造物主而去亲近造物,也就不再生活在永恒之中,不再拥有上帝的王国了。"他随手记下充满灵性的诗句:"我的灵魂游弋 / 在有节奏的波浪上。""主啊,你的真理 / 刺伤我的心田。"此时他让光直接照进来,凭借本能和灵性的指引。

在领受自然恩赐的过程中,他不间断地读书写作,甚至因一次观景而错过了叔本华而懊恼。作家的文字总是少不了

· 101 ·

读书写作:"上次去于泽住的那段时间,还记得我发现了卡莱尔;我看了丹纳的《英国文学史》、布吕讷蒂埃尔的《种类进化》。我写了我的狂热的信仰之游。在拉福,我看了《布瓦尔和佩居谢》。""这次外出,随身携带了达迈斯特、勒南和马克斯·缪勒的著作。"他仿佛有无穷的精力,想必这同样来自热爱,他说:"我要阅读《圣经》、柏拉图、斯宾诺莎、康德、但丁、拉伯雷,以及禁欲主义的书;我要进入超人的抽象理念中乱闯,登上形而上学的冰峰——我要学习希腊文、意大利文。"在书中,他得到无限乐趣。他读《塞尔维亚的理发师》的第一感觉是轻松惬意,说"这往往是莫里哀所缺乏的"。而"《费加罗的婚礼》远不如《理发师》——戏中人物五分智慧硬要表现出十分来"。

痴迷书籍,又对书籍保持着警戒,他要比书籍走得更远!"我看书看得太多……如果跟在别人后面亦步亦趋,一步也超越不过去,那我宁愿保持沉默,就看他们的作品。然而,如果我能比他们走得更远,哪怕是多出一步,那也要向前进……但是,无论如何必须冲破,以便保持完整。"

而看到景物,他便想记录下来,他说:"我很想描绘出来,为我自己,仅仅为我自己。""要描绘的想法总纠缠我。每见一物,我都寻思如何表现出来,觉得当场如有颜料,我就能凭天性掌握调和色与和谐,揭示这某种我们认为不可传达的、在我们心灵深处颤动的东西。""在返回的路上,我感到自己思想处于创作的这种奇特而迷醉的状态。""我看到的是已经作好的画幅。不过，我仍然保持平静；在激情特别强烈的时候，我甚至感到自己有一股力量，一种创作的潜在的力量，仿佛突然显露出来。"正如他所感慨的，对于艺术家的整个生命来讲，使命是不可抗拒的，他不能不写作。他说："将艺术化为他的生活、他的财富、他的抱负，献身给艺术，如同献给一项神圣的事业，这不也正是我早就决定做的吗？"

"凡是做得像样的一些事，恐怕无不暗中受上帝的启迪。"写作更是如此。除此之外，对于艺术家而言，还有对美的敏感与追寻。"美所引起的战栗哟，正是你造就艺术家——我可怜他们所有人，许多人都不知道，那么多人不知道这种强烈的战栗是怎么回事。""'神，神来了。'这种欢悦一鼓翅膀，就把你带上理想和崇高的冰峰，比较起来，其他欢乐显得那么苍白乏味。"有天赋的人无不时刻受着上帝的指引，开启着自己灵性的光芒。

"伟大的作品是静默的。""等待作品本身沉默了，才好写作。"这是他对写作的理解。他采用散文而不用诗——因为诗太受束缚。正如他的日记不求精彩，因为那样"就完全丧失其坦率了，再也没有任何意义，无论写得多么精彩，也不具备文学价值"。在某一年的1月6日，他的文字是记于"启程去于泽的前夕。先去蒙彼利埃，再去巴黎。有待抄到本上的笔记"。对于这样的随性，读来亦是异常亲切的，因为信手拈来，我也常常即兴将文字写在纸片上。

"人就是为幸福来到世间，自然万物无不这样指点。"看

自然卷：安然，安在

完最后一页合上书本，他的话还在脑中盘旋。此时禁不住想问：纳塔纳埃尔，你听到了吗？后来的你，是否长成了一个热情奔放的青年？

（《人间食粮》，纪德著，李玉民译，江苏文艺出版社，2013年8月第1版第1次印刷）

2016年11月11日

回到艺术，这最恰当的归宿
——读保罗·高更《生命的热情何在》

有时候，即使身为艺术家，他的作品也无法全然地表达他自己，还需要借助语言、文字等其他的方式来加以补充和完善，从而勾勒出一个完整的艺术家形象。高更如此，陈丹青亦如此。

在没有对这个人作任何了解的情况下，单看高更的画，坦白说并未引起我太多的好感。虽然画布上大块色彩的铺设的确抢眼，虽然在众多的画中他的画的确能于第一时间跳出来，带有鲜明的个性色彩，但显然我还不曾与之有过深入的心灵沟通（当代画家陈丹青也是如此，除了他的成名作《西藏组画》，在他归国十年的作品展上，我看到是他每一幅作品下的文字说明为他的作品增色），不像梵·高，在接触的每一个瞬间都热血澎湃，激动不已。

但这本书——高更的塔希提手记，改变了我对他的印象。艺术家的心灵是自由的，或者说艺术家天生拥有一颗自由的心灵，这自由的天性会引导他冲破并超越世俗，走向他自己的天空和大地——对于高更来说，那就是塔希提，那个太平洋中的岛屿。在那里，他抛开文明社会的纷纷扰扰，融入大自然美丽的色彩和舒缓有序的节奏之中，在碧海蓝天之下，自由地呼吸和伸展，与当地土著欢乐和谐地共处，如此地度过天堂般的十二年。

天堂的生活是人人渴望的，但高更不顾一切地做到了，践行了。这一切如同翻版，也烙在了他的绘画中。不了解塔希提，就不了解高更的绘画。读过他的塔希提手记，再回望他的那些大色块堆叠的作品，感觉就会截然不同。貌似粗糙，或许更接近生活的原貌，更接近艺术家的心灵——艺术不全是架空于生活之上的；艺术，也不全是经过雕琢的精致品：太过精巧的艺术，从来就缺乏一种真诚的态度。他笔下健硕的女人、裸体的男人、花草、树木、森林、小鸟和河流，都是大自然本色的呈现，就像那里的人们自给自足、自生自灭，有欢乐也有忧伤，应有尽有，但单纯自然、热烈明快。这一切于冥冥之中感染着画家，使拥有相同品性的画家乐不思蜀。反映在他的绘画中，便成了大胆的色块、粗犷的笔触和棱角分明的线条。那不加掩饰的绚烂色彩是塔希提岛独有的，也是高更心中独有的美好世界。因缘的契合，使得世界上只有高更能画出那样的色彩和心情。他的画无论挂在哪一个博物馆里，无论和谁的画挂在一起，一眼便能认出"高更"的符号，奔放不羁、为所欲为。"我得尽快把欢乐尽情地洒满我的画布。"在塔希提，画家情不自禁。

对于旁观者，无论理解还是不理解，高更只能如此表达。

没有人为我们规定生命的形式，人生，原本存在着无限的可能；这样，还是那样，有时但看我们自己如何选择。高更选择了他自己与众不同的人生，他的作品并非为所有人欣赏、理解和称道，他抛妻弃子走向蛮荒的选择也曾引起世人的非议和嫌恶，但我认为书的最后《附录》中的一段文字是中肯而宽厚的——"他是一个个性的画家，一个绘画的人，应该有自己独立的认识和见解，后人也许不应该用自己的任何观点来形容他。色彩，构成，语言，寓意，他有他的认识表达。作为一个忠实的艺术工作者，他为艺术殿堂增添了光芒，为后人留下了宝贵的艺术理念"。正如画家自己所说："我已失去时间与终点、善与恶的观念，一切都是美的，一切都是善的。我只想画画，做一个自由人，一位艺术家而已。"

回到艺术，或许是他最恰当的归宿。

书中配有许多高更的彩色油画插图，诸如《我们从哪里来？我们是什么？我们要到哪里去？》《玛利亚》《沐浴女子》《你嫉妒吗？》《魔咒》《市集》《神的日子》《甜美的梦》《神秘之水》《芳香的土地》等，寄托着他的信仰和理想，也给本书增色。

（《生命的热情何在》，保罗·高更著，吴婷译，江苏凤凰文艺出版社，2016年3月第1版第1次印刷）

2016 年 9 月 20 日

自然卷：安然，安在

楼顶，那方诗意的乐土
——读海伦·芭布丝《我的花园、
我的城市和我》

和许多在北京读大学的毕业生留在北京一样，26岁的海伦·芭布丝毕业后留在伦敦，租住在伦敦北区一个"只有邮票大小的房子里"，不尽如人意，但她也并不悲观，她向往绿色，热爱生活，费尽心思要将她不足3平方米的楼顶平台装点成一方诗意的乐土。她说："对每个人来说，总会有些什么事使他感到窃喜；总有些事，无论何时，总能令你开怀。"令她感到窃喜和开怀的，正是楼顶她的杰作，给她带来一年四季的欢乐。

从通过书籍查找植物种类和栽培知识，到去花卉市场置办花盆、种子、堆肥，寒来到暑往，她像蜜蜂一样辛勤劳作，将每一株幼苗都栽种到花盆里，看每一棵种子发芽、开花、结果，听每一只小鸟驻留歌唱，于每一个早上和晚上期待着可能出现的奇迹。

"我希望在我的卧室门外的右边种上番茄和黄瓜,在右上角和后篱笆处种各种香草和绿叶蔬菜,然后在左上角种一些芳香植物,主要是能够吸引昆虫的蜜源植物。此外,我真希望能种一棵坚果类的树。我的小圆桌和三把椅子会留在原地,靠近屋顶左边的外缘,正好在芳香区的旁边,上方再挂一盆吊盆种植的草莓。我不想在桌子旁边种一些爬在篱笆上的香豌豆。浴室窗户下靠公寓一边的左角会充当上盆和储物区。最后是公寓墙壁——我的浴室和卧室外墙下的空间,我将会在那里种植荷包豆,它们会蔓延开去,覆满整面墙壁,把它变成一堵绿墙。"在栽种之初,她认真地规划着、梦想着。在以后的一年中,她一点一点将它变成了现实。

进入5月,"屋顶的绿色渐渐多起来……我几乎不敢相信,我的这片小小领地竟变得这般生机盎然"。夏天,她品尝到她的第一个樱桃萝卜,"对于要吃掉我花了这么长时间来种植的东西,我感到一种异样的内疚,为此我还进行了一番思想斗争,最终说服了自己"。再后来,她在咖啡里加入新鲜的蔬果,在炖菜里撒上欧芹,在纯酸奶里混进薄荷叶,用自己栽种的瓜果做原料制作鸡尾酒和柠檬汁。她穿着睡衣,吃用直接从藤蔓上采摘的带着阳光温度的番茄做的早餐,那都是收获的快乐。"我享用着我种植的生食菜叶,几乎每天都要吃,并且为一片菜叶里蕴含的丰富浓烈的味道快乐不已。同时我也享受着采摘的过程,当我花5分钟采收晚饭吃的菜叶时,有一种宁静的感觉。这个时候很适合冷静地思考。"而此时,她忘记了蜗居的烦恼，她说："这一切，包括噪声在内，真美好。"

"我喜欢独自待在这里，那些孤独漫长的下午和夜晚都过得很愉快。""自从搬进这个公寓、接手这片屋顶之后，我有了一种更加踏实和成熟的感觉。我想是因为我有了一些需要照料、需要观察它们成长的东西，除了我自己那些荒唐的窘境和神经质以外，还有其他事需要我操心。自从有了屋顶，我也注意到了以前没有留意的一些伦敦的小细节——她那丰富的绿色和棕色的色调，太阳如何划过她的天空，她的光影，以及有多少雨水落在了她的街道上。"海伦说。与自然的接近，使她精神上变得愈加喜悦与平和。

植物招引来许多蜂蝶、松鼠和鸟雀，久而久之，她和野外小生物成了朋友。寒冬枝叶凋零、食物匮乏之时，她会在外面放些擦伤的苹果、坚果、种子和油脂给它们吃，处处都是怡和的场景。

随着种植的深入，她对植物和绿色的兴趣愈加浓郁，有时她会走出她的"秘密花园"，造访公园、农场和城市里一切被利用的公共空间。她对那里进行思索，也从那里获得灵感。农场归来，她突发奇想："伦敦是否应当发展这样一种农业体系，使城市居民能够获得相对廉价的本地生产的食物，使他们能够在这个食品安全日益缺乏保障的时代进行自我保护？"站在伦敦大火纪念碑上，看着城市或绿意盎然或单调灰暗的角落，她想象着如果所有的公司都在屋顶建造花园，如果绿色的屋顶越来越多，一定能够冲淡伦敦沉闷的灰色。看到有

第一辑　回到最质朴的所在

人在楼顶养鸡,她想到"在一个人满为患的城市里,我们需要发挥创造性去寻找种植作物、饲养家畜的地方"。看到一些被废弃的荒地,她产生一种愿望,想去征用。看到城市边边角角的绿色,她都会想:"这些随意生长的绿色植物与那些壮观的历史建筑一样,是伦敦的城市性格的重要组成部分,它们也应当受到同样的重视和保护。"

她去拜访园艺师和养蜂人,仔细聆听老太太们从高耸入云的大厦里看到的自然美景。她在湖边散步,她到远处骑行,而在她的眼里和心里,都离不开楼顶花园的绿色主题。一年过去,在篇末总结时,她说,楼顶的创作,不仅给她带来了无限欢乐,还使她"看到伦敦和都市生活全新的一面"。

此书由商务印书馆出版。如果不是译作,语言可能会更美、更流畅一些——比如在咖啡里加芫荽,真不知道是原文如此,翻译障碍,还是我孤陋寡闻,总之咖啡里加芫荽真的让我难以想象。

(《我的花园、我的城市和我》,海伦·芭布丝著,沈黛译,商务印书馆,2014 年 5 月第 1 版第 1 次印刷)

2014 年 9 月 15 日

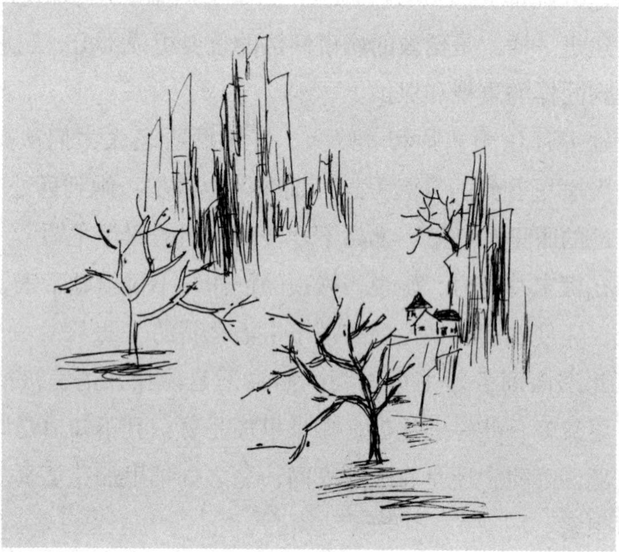

第二辑 徘徊,于寻梦的路上

让我们也慢下脚步吧,无须奔跑,无须追逐,生命本身就是一场欢喜和庆祝,就是一场盛开与绽放。在此时,在此地,在这一尘不染的瞬间,让我们聆听花开的声音……

与日月对话，与草木为伍

——读鲍尔吉·原野《草木山河》

因着"天雨时光"读书会买来了这本书，虽然鲍尔吉·原野已经出版了33本散文集，但我却是第一次接触。

他的文字有些特别，刚刚接触似乎还有些不适应，就像两个不同的气场，真的进来需要"转场"。他与日月对话，与草木为伍，脑子里充满稀奇古怪的东西，有些迷离，有些幻想，有些童话，有点动画片的感觉。当"凤凰"号探测器报告火星下雪了，他用短信把这个消息发给朋友，"不怕他们笑话"，短信是："火星下雪了，我们庆祝吧"，"在这个小城，十字路口有两个人打架，揪对方脖领子。在红旗剧场，有人踢了乞丐一脚。我想告诉他们：'别闹了，火星下雪了'"。他和吉雅泰散步时看到"月色越发白净，牧民的房子看上去比白天矮，毛茸茸的。如此明澈的夜空，看得见细长条的云彩。云彩想把星星藏起来，但星星在云后偷偷露出了眼睛"，继而他问吉雅泰："我的精神还正常吧？"

自然卷：安然，安在

很难想象，如此容易陷入迷离幻想的他在现实中竟然是一名警察，真不知道他是如何调和这两种截然不同的形象和角色的。而内蒙古那片空旷的土地已然造就了他。是那种空旷与单调，激发了他往深处和细微之处探寻的热情与本能，激发了他往远处幻想的能力和气质，使他接近自然，接近雨露，接近幻想，使他获得了与草木山河对话的能力。他感受到："树在树林里度过了一生最幸福的时光。""桂花香最像花里的话，有一句一句的甜。""油菜花是大地的音乐，包括合唱与铜管乐齐奏。""林中和草滩的花，像赤脚跑过来的孩子，扬着脸，多幸福。""一个人在林中走，心里跟植物说话，浅近的话是'真美，真绿，真好'；深入一点，却说不出植物的锦绣心肠。"

读书会上，我提到草原上的鲍尔吉·原野和阿勒泰的李娟不知道在什么地方有一点点相像，大家说有同感。是戈壁和草原同样的空旷和寂寥陶冶出他们纯净辽远的心灵与细腻深入的触角吗？在阔大的天地之间，他们了解着每一朵花的故事，知晓着每一棵草的秘密，在天地裹挟的简单大美之中默默构筑着丰富细腻、有声有色的人生。

原野以在大草原待惯了的视角描绘草原的景象，也许是眼前的景物对于他来讲太过熟悉了，看似单调的一切，一经他的描绘立刻变得丰富而又细腻。他的心与大草原的一草一木原本是贴近的，"夏夜的合唱里，虫的种类会超过一百种，越是细辨，越觉出大自然的丰富无可比拟，虫世界比人世界还要热闹","把虫鸣当乐曲听,相当于看赵无极的画","被闪电照亮的地面如发生了地震,看得清草的颤抖","闪电像一棵树,它的根须和树干竟然是金子做的。当雷雨越来越浓时,天空栽满了闪电的树林。一瞬间长出一棵。雷雨夜,天上有一片金树林"。他笔下的四季景色也是如此之美,"春天怎么能不争?每一朵花都报春信","初秋只是短暂的过渡色,叫作立秋或白露,而后中秋登场,所有的喜庆锣鼓都会敲响,丰厚盛大"。

虽然今天他已离开了草原,但对草原依然怀有深厚的感情,他怀念故乡的云。"今天我对草原的记忆只剩下一样东西——云。地上的事情都忘了,忘不掉的是草原无穷无际的云。骑马归家的牧人,挤奶的女人,背景都有云彩。清早出门,头顶已有大朵的白云,人走到哪里,它追到哪里。""老家的人一辈子都在云的底下生活。早上玫瑰色的云,晚上橙金色的云,雨前蓝靛色带星味的云。他们的一生在云的目光下度过,由小到大,由大到老,最后像云彩一样消失。云缠绵,云奔放,云平淡,云威严,云浓重,云飘逸,云的故乡在草原。"这让我想起去锡林郭勒盟东乌珠穆沁旗采访时晚宴上大屏幕中播放的一组草原的照片,美到了极致。东乌的朋友说那是阿主任拍的,我们忍不住请同席的朋友帮忙将照片拷贝下来。虽没见到那个拍照片的阿主任,但他镜头里的一草一木,四季轮回都那么富有感情,只有生活在这里、与草原朝夕相伴的人才能拍出对草原的由衷热爱,只有像原野那样草原的血质已无法从躯体剥离的人才会怀念乡亲和故乡的云。这怀念中有

自然卷：安然，安在

美，也有淡淡的感伤。"在异乡，我见到最少的就是云，城市灰蒙蒙的空气屏蔽了云。"

人们常说，你是什么样的人，就容易吸引什么样的人，他遇到的很多人也像他一样单纯而富有诗意。他问登山时遇到的女军官："你在跟花说话吗？""是的。"她回答："花需要有人夸它。"甘丹寺的强丹巴对他说："动物啊、草木啊，都有灵。你用好念头对它，它就对你好，这是常识。"

对于城镇化、工业化，对于 GDP，原野有些耿耿于怀："被征地的农民为什么舍不得离开故土，给钱也不愿离开？他们嗫嚅着说不出理由。我替他们说出来吧，他们祖先的灵魂暗中拉着他们的手，害怕孤单。农民们从来没听过如此粗暴的话语：城镇化、工业化，翻译过来是让他们离开锦绣河山。""工业反哺的农业在哪里？工业有乳汁吗？""祖祖辈辈鲜花盛开的故土，死在了 GDP 上。"对于大草原遭遇的被破坏现象，他扼腕叹息："成吉思汗陵所在的伊金霍洛旗乌兰木伦镇的一百零八个自然村已经有四十九个丧失了土地，那里因为采煤抽水而塌陷，这些村子消失了。"

他热爱着这片土地，这是他的精神家园。他热爱着这里的草木山河，这使他的心灵有所皈依。

（《草木山河》，鲍尔吉·原野著，浙江文艺出版社，2012年8月第1版第1次印刷）

2014 年 1 月 23 日

与天地直面相见
——读鲍尔吉·原野《从天空到大地》

这本书分十一辑,分别以天空、大地、河流、季候、雨、树、草、花朵、果实、鸟和火为题,干净、纯粹、空灵、超脱,鲍尔吉·原野的风格与特色一目了然。

鲍尔吉·原野,对原野和自然总是有着与众不同的理解和深一层的贴近,他的文字也由此充满了灵性和不一样的色彩,被打上了深深的鲍尔吉·原野的烙印。当他在草原听到两个孩子唱歌,他说:"歌声如鸟,孩子被迫张嘴让它们飞来。鸟儿盘旋、低飞,冲入云端。在这样的旋律里,环望草原和湖水,才知一切皆有因果,如歌声唱的一般无二。歌声止,跟孩子摆摆手上路,这时说'你们唱得真好'显得可耻。"当他看到喀纳斯的松树,他说:"松树如果有眼睛的话——这只是我的想象——该是多么明亮、深沉与毫不苟且的眼睛,一眼看出十里远。"而喀纳斯的云在他眼里则会唱歌:"它们边游荡、边歌唱。在喀纳斯,万物不会唱歌将受到大自然的嘲笑。"何止是云啊，在他的眼里，光线都带着微笑。云在歌唱，光在微笑！那也是他在唱歌，他在微笑啊！鲍尔吉·原野，就是这样用新奇独特、属于他自己的视角观察着世界，观察着万物，使万物在他的笔下呈现出不同的姿态、不同的情状。

他说："造物主所造的核心物质都具有不可复制与不可储存性，比如空气、比如光。"当一个人从光里看到意义，从时间中看到色彩，那么他便拥有了先天的诗意和富足吧。然而世事之中，真的有比光、比时间更重要的东西吗？我们必须校正、校准，像鲍尔吉·原野那样从惯常的模式和累世的尘埃中超脱出来，回到一片自由之土。让我们贴近并融入大自然吧。"自然展示的是单纯，好像啥也没有，浑然而已，给人以欣赏不尽和欲进一步了解却又无奈的境界。"

鲍尔吉·原野天然是与大地贴近的，从大地上长出来的生物使他感到天然地熟悉。当在渺无人烟的扎陵湖边遇见两个"像从土里冒出来的"孩子，他说："看到这样的孩子，为之情怯，仿佛配不上她们的清澈。"而"所谓'远方的客人请你留下来'，这句歌词在青海极为写真。大城市的人不会对外来者生出这样的邀约"。当他回到家乡内蒙古，那里的一草一木、一言一语更是与他有着深切的关联，他在《云是一棵树》中说："我写这篇短文是更愿意写下布尔津、额尔齐斯、喀纳斯这些蒙古语的地名，听起来多么亲切。这些名字还有伊犁、奎屯、乌鲁木齐以及青海的德令哈，它们都是蒙古语。听上去好像马蹄从河边的青草踏过，奶茶淹没了木碗的花纹。"他的文字原本也是在那片土地上生长出来的啊，与那片土地天然相融。我在读这本书时，恰好刚刚读完车前子的《苏州慢》，坦率地说，车前子之于"苏州慢"，就不如鲍尔吉·原野之于内蒙古那般贴切。那是真的爱。内蒙古，是他的背景，那片阔大的背景熏染了他："我童年的地方有两山、一河，三层的楼房有三座，最繁华的莫过于满天星斗。"

当读到他笔下夜晚的大草原天似穹庐，"满天的星星肃然排列，迎面注视着你"，我想起某个夜晚于五台山一个寂静的山头，我们也曾与满天的星星直面相对；想起今年夏天在北极村，于深夜的黑龙江边也曾看到银河璀璨，那都是概括、简洁、超离和震撼的美，是久违的奇迹，是在与大自然直面相对时陡然获得的美好启示。而大草原上，鲍尔吉·原野的星星更是不同的，"这里的星星多得很，它们拥挤嬉笑，它们矜持沉思"。"在这里，星星会像铃铛一样系在马鬃旁"，一尘不染。都市的人们，还能写出这样的文章吗？我们还能像他那样，与大自然直面相对吗？不卖弄我们的知识、文明和才华，回到事物的本身，与之坦然相见。在鲍尔吉·原野的空灵纯洁中，你会感到文明是一种污染，如他所说："如果一个人已经老了，仍然很无知，同时抱有好奇心与幼稚的举止，这个人该有多么幸福。"

他的文字里流淌着诗意,与自然同频。山川河流,仿若大地的血脉,在他那里都是活的,有生命,有微笑,有呼吸。"河流领着树和花奔跑,云朵在天空追赶。""太阳每天升起来都是盛典,新鲜光亮,野花知道,人不知道。""花的表情只有一种:笑。""雨后的山坡上,如果看到一朵花,像见到一个刚睡醒的婴儿,像门口站着一个被雨淋湿的小姑娘。""白桦林要演出了,她们在候场。如果树会唱歌,最先唱的是白桦林。"……这些草木和生态,是天地自然和我们生命的一部分。只有聆听自然的人,能够听到自然的奥秘,能够听到草木的声音。读了鲍尔吉·原野的文章,我总是迫不及待地想要奔向大地,奔向森林,感受树木和大地的呼吸。

在书的第167页,我忍不住写下这段随感:"睁眼就读到青草地,就闻到土地和青草的芳香,是多么愉悦、多么幸福的一件事。"而在那一页,鲍尔吉·原野写道:"我觉得羊羔是牧区最可爱的动物。如果让我评选人间天使,梅花鹿算一位,蜜蜂算一位,羊羔也算一位。羊羔比狗天真,像花朵一样安静。"有如童话,又仿佛比童话更美妙。

这纯洁的眼光培养了他的幸福感,他说:"人生其实没什么艰难。每一寸光阴都有用。"这句话也引起了我深刻的共鸣。阳光的质地,是本能,也是人之必备,万物借着光照节节生长的感觉的确非常好。"而灌木之美只是小小的、微不足道的美景。那么,我把看到它的这一刻称之为今天的良辰。"对于鲍尔吉·原野来说,日日良辰,天天美景。"在平静的生活中，天地间会突然出现美不可言的胜境。我庆幸看到了它。"一切幸福的人，都能看到它，神遇般美丽。鲍尔吉·原野说："我今天仰望星空的时候，关于星辰的知识一点儿没增加，而星星既没多也没少。""群星疏朗，它们身后的银河如一只宽长的手臂，保护它们免于坠入无尽的虚空。"简单，而又如此丰富，如此幸福。想起小的时候，我与满天的繁星也曾有过神奇的默契，于是便更感亲切。

他说："黑河与白水，我是在故乡赤峰见到的。他乡非无，而在我却失去了徜徉村野的际遇。人生真是短了，平生能看到几次黑河与白水呢？"与文字相见，不如与自然相见。读万卷书，不能代替行万里路。他说，走过新疆才知道，天山有多么雄浑辽阔，人和动物在它面前就像蠕动的蚂蚁或比蚂蚁更小的微生物。只有越过天山的人才有这样广阔的忧伤。贴近了沙漠，便领略了沙漠的丰富；贴近了草原，便发现了草原的多变。唯有贴近，才有了这般细腻的情感。

而万水千山走遍，他于点滴的行迹中又似乎参透一些什么，他说："那些柔软的小草、清澈的小溪和可怜的动物的背后都有一个大力量为它们撑腰，它叫道。"这是《道德经》的场景，也是世间本有的存在，是人、自然与万物的秘密。

万物的关联给了他丰富的联想。"把虫鸣当乐曲听，相当于看赵无极的画……而他画里的一与多、线与面、构图（他好像用不上构图这个词，没构过）合乎星空一般地潇洒自如，做是做不出来的，画也画不出来。赵无极的画接近于音乐，音乐里面实在是'没有什么'。"那是空无中的博大与丰富。读到这里我有些纳闷,为何篇篇有感应、有启示?

大自然与他密不可分。所以,对于大自然正在遭受的伤害和异化,他自然也不会无动于衷,而是疼在了心里。在内蒙古,当看到外来人垦荒、开矿以及各种名目的开发使草原大面积沙化,他感叹:"那些失去了草原的蒙古族人,不知怎样生存。"看到日益落寞的村庄,他说:"过去,村庄生长在大地上,长在河边,像大地上结的一个葫芦。现在村庄已经荒芜。如果村庄可以衰老,如今它们正在衰老……而另一些村庄是被活生生消灭的,政府让乡民进城住楼,把他们腾出的村庄正面的土地变成工业用地和商业用地,总称'发展'。在没有露水、鲜花、青草和小猫小狗的地方总有一样东西旋转,这东西说不出名字,只好管它叫'发展'……大地不在谁在?但有时找不到它。""大自然不追求公平华美,它的规律是自然而然,此中有和谐。大地从来没想过它会成为最大的商品,成为被排污、被盖楼房的地方。"在他看来:"土地不光属于人,还属于所有生物,再凶残的动物也不会出卖土地。地是卖的吗?""能够让花开放的是大地,让人得到最后安宁的也是大地。大地超出人的视野,它的身影如同落日的黄金射线。"这是悲悯的观照、无奈的感伤。

他说:"如果没有电和计算机、电视机,北方的各族人民现在可能都在围拢火堆跳舞呢。人的脸膛被火光照亮,手拉着与被拉着的、认识与不认识的人的手向一个方向移动。音响传出的鼓声如同你的脚步声,这比上网有趣多了。"对于现代人,这是一种引诱。

(《从天空到大地》,鲍尔吉·原野著,作家出版社,2016年6月第1版第1次印刷)

2017年12月12日

向内的寻找
——读杨献平《在沙漠》

巴丹吉林沙漠，读完了我可能也未弄清它的确切位置，不知道它是在陕西、甘肃，还是内蒙古。但这似乎并不重要。重要的是作者杨献平作为在那里生活了几十年的一个人，一名军人，让我们看到了这个地方的独特生态和特殊风景，伴着大漠的风沙和他一起思考。

在巴丹吉林，门窗紧闭得严丝合缝的屋内也会于顷刻间落下一层黄土，犀利的砂砾时刻会刮疼了眼睛。戈壁的弧线千年不变地横亘眼前，单调得不能再单调。"我们是吃着沙子在巴丹吉林度过青春的，从十八岁到三十多岁，每年都要吃进上百克的沙子。"然而杨献平，在那当了几年兵之后却深深地爱上了那里，不愿再回到自己南太行的家乡。他于短暂的离开后重又返回，一待就是几十年。他与大漠，是性情的契合吗？是心灵的感应吗？还是命运的召唤？不得而知。但有了这几十年的浸淫，他对于巴丹吉林的领略自然是不同的。

倾情沙漠的玛丽·奥斯汀曾在其《少雨的土地》和《无界之地》中让我们领略了简单的丰富，用细腻的文字和切身的探索去找寻物象，体察生命，在一片貌似贫瘠的土地上为我们展现了一个多彩的世界。如果说玛丽·奥斯汀的写作是向外的探寻，那么杨献平的用笔则是向内的寻找。他与风对话，与沙共鸣，因为他"其实就是这千万沙子当中的某一粒"。他与眼前物象同频同在、同悲同喜，因为"沙漠与密林、雪域、草原，是这个世界上最适宜隐居、安妥灵魂的地方。沙子与人，微末与具象，其本质相同"。他说他喜欢一个人站或坐在梨树下面看满天闪耀的星斗。在那里，他无时不在受着启示。看到干硬僵直的骆驼草，他说："在戈壁和沙海深处，它们的生长和存在是对荒芜的柔弱抵抗，是卑微之物向汹涌的灾难示威性的抗击与挑衅。"看到长空掠过的鹰隼，他说："鹰隼是戈壁沙漠上空，乃至人类心中自由和勇猛精神表现的最终形态。"看到以"色相"伪装并释毒自卫的大蜘蛛，他感慨："每一个生命都会在人之外找到自己的生存位置及生命方式。"而沙漠中奔行的蜥蜴，则让他看到"微小之物的强大存在和天性意义上的灵魂奔跑"。

荒野无有束缚，尽力地纵容着人们放飞灵魂，展开想象，于融入自然的瞬间得大自在。

巴丹吉林，不是一个大的沙漠，但目之所及，亦茫茫无边。"有时候，我只能笼统地对自己说，这是一片宽阔的地域。你的目力有多远，就能看多远；脚步有多长，沙漠就有

自然卷：安然，安在

多长；梦想有多大，沙漠就有多大；心有多深，沙漠就有多深。"在这无边的想望里，能孕育出丰富的冥想和无限的思考。"很多的大风之后，我走出帐篷，在某一棵胡杨树下躺下来，想些心事，看着蓝得经常让我忘记自己是谁的天空。"唯有在这样的天幕下，在这样的背景中，方能沉淀出文章简洁浩瀚的质地吧！看啊，"天空——古朴、大度、沉实、空冥、高远、幽深如井"。他与大漠长相厮守，久而久之，他学会了聆听，细致到能够听到蚂蚁的声音；他学会了贴近，贴近到将羊和骆驼认作母亲。"我一直把羊和骆驼当作母亲——另一种意义上的母亲，它们虽然不会生下我这样的生命，但它们养育了我。"在四季荒原的熏染下，他的文字都沾染了简洁的气息和明快的色彩："没有多久，阳光和万物就把时间带到夏天。""秋风是一瞬间的事情。"当他"对着西边空阔的苍茫戈壁"唱起了歌，我设想，面对无人的荒漠，我也可能高声唱起歌来吗？那是天地间的大自由、大豪迈吧？

在他的文字中，我们看到轻浮的旅游者在这片土地上如此突兀和造作，与这片原生态的土地如此地格格不入。在额济纳旗，他对旅游者的描摹让我想到自己并深感惭愧，他写道："有一天上午，他们在二道桥附近，胡杨最茂盛的地方聚会，一些人坐在主席台上，一些人围观，一些人跳舞，一些人对着麦克风嘶喊。更多的人在胡杨树林深处照相、拍摄，在枯了的胡杨树上高声说话、发笑。一些人在柔软的沙丘上骑着马匹和骆驼，孩子们大声喊着，追逐玩乐。直到傍晚，胡杨叶子更为灿烂的时候,他们才相继离开……每一棵胡杨,孤独、安静,和我一样心疼。"他从另一个角度不经意地让我们看到文明的丑陋和歇斯底里,在一个阔大的参照物下,陡然间让我们目睹了习以为常的事物中所蕴含的不甚合理的面貌。反观自己往日的旅游,作为空降的植入者和骚扰者,与原生态的自然人文也那么不协调。那些怀着激情、梦想和剩余能量挑战生命、挑战自我亦挑战自然的探险者,对于千古沉睡的大自然来讲也是一种不受欢迎的惊扰吗?想起几年前在威尼斯,看着海边狭促的空地上人头攒动、摩肩接踵,也曾于心底暗暗生出一种莫名的烦躁。导游对我们说,这里的居民不胜其扰,绝大部分已不得不搬至别处。

浮躁是容易的,安处一处享受孤独已非人人能够企及。

他爱这片沙漠,他时常独自一人向沙漠的纵深行走,用笔书写自身与脚下的大地。"我不知道前方究竟是什么,也不知道自己究竟要到哪里?这种行走的状态和意识是最为松弛的,一个人,形同一片树叶、一粒沙子,没有方向处处都是方向,没有同伴处处都是同伴——在我和非我之间,我相信,有一些生命,有一些事物,始终相互勾连。"喜欢写诗的他身处大漠,有时会有融入诗歌的感觉:"一个人,走在秋风的核心之内——这是不是一首诗歌呢:于秋风和戈壁现场,用身体和内心书写的诗歌。"诗与生活,不分彼此,这不就是活的诗歌吗?

在历尽了孤独和想象之后,意外地也会遭逢一些事、一些人,发现荒原裸露的本真和深含其中的忧虑与悲伤。"直到此时,我才明白,那些把沙漠拍得美轮美奂的影像作品是不可靠的。美的东西都在捕捉和呈现,可是本真的呢,原来的呢?"深处其中、朝夕相伴的感情总能颠覆自我既往的印象,对旧有抑或外来者的视角提出质疑并给予矫正,如蒙古族人兴安看到草原的"美丽和严酷",如在一次出差偶遇的"阿主任"的摄影中我们看到的四季草原的美好与沧桑。如鲍尔吉·原野在与草原对话的文字中时不时地流露出草场被破坏的感伤,杨献平也不无遗憾地时常听到当地人抱怨沙化的威胁和生存空间的萎缩:"鼎新绿洲的汉族农民雒文革也说,早些时候,靠近巴丹吉林的地方长着大片的沙枣树,还有成片的海子。现在这些都没有了,草场都沙化了,跑个兔子都能看见,羊也没有办法养。"

在欢喜与悲伤之中,他亦看到了比眼前际遇更为永恒的命题,他说:"在巴丹吉林沙漠,任何事物的生命状态都像是一粒飞行的沙子或者沉潜的岩石,碎裂和风化是必然的历程。而承载的沙漠,是最大的受益者,它容忍了我们乃至更多的动植物在其身上的任何行为,但最终都会被其收藏。"

沉思冥想之外,他还写了很多部队的事,爱恨情仇和日常琐碎都不失真实和真切,这时的他俨然已是一个饱经风霜和人情世故的兵油子了,而且也由士兵变成了军官。而书写,还在继续。

(《在沙漠》,杨献平著,北岳文艺出版社,2015年10月第1版第1次印刷)

2018年2月9日

园，人类精神的依傍

——读陈子善、蔡翔主编《园》

我是在对园林、花草发生兴趣的时候，于中关村图书大厦发现并买下的这本书。很多的机缘，总是要在不早也不晚的时候发生，而这顺应自然的一切，却永远那么美妙。

和这个系列的其他读本一样，《园》围绕园林、家园、花园、公园、庄园、故园、校园等展开，因作者、境遇、感悟不同而各具特色。有人借园林的草木、建筑之美表达人与自然的接近，有人借对故园的幽思怀想表达人间世事的沧桑，有人借行旅中公园的见闻表达那一刻的观感，或侧重于对自然的赞美，或侧重于对生命的省思，或侧重于对人生的思考，呈现出不尽相同的世间面目。

不同的时代、不同的命运给予了人们不同的际遇，他们笔下的"园"也不尽相同。鲁迅的《从百草园到三味书屋》以少有的平和写出了少年时代读书和玩耍的回忆，该文又因被选入中学课本而为大家耳熟能详；宗白华以美学家的视角谈中国

自然卷：安然，安在

园林的建筑之美，对于园林空间的借景、分景、隔景等有专业的论述。宗璞谈在昔日的燕园邂逅美学大师朱光潜，再现大师的音容笑貌，其渗入了生活的美学观点再度引起我的共鸣，比如朱先生把文学批评分为四类：以导师自居、以法官自居、重考据和重在自己感受的印象派批评。他主张后者："这种批评不掉书袋，却需要极高的欣赏水平，需要洞见。"其审美的人生态度更是与自己的心性相合，读来倍感愉悦。

重读史铁生的《我与地坛》，仍然感人肺腑，地坛于他，已不仅仅是一个园子，而是承载了他的精神、他的苦难、他的思想、他的情思的生命中一个不可分离的地方。那里，有他的徘徊，亦有母亲的期盼；有他的寻觅，亦有母亲的等待。春夏秋冬，日复一日，直到有一天母亲去了；直到有一天，他这个轮椅上的作家也飞升进天堂……"地坛的每一棵树下我都去过，差不多它的每一米草地上都有过我的车轮印。"他对这园子的感悟，自然不同于任何一个游人。在他的耳朵里，"满园子都是草木竞相生长弄出的响动，片刻不息"。在他的眼睛里，"春天是祭坛上空飘浮着的鸽子的哨音，夏天是冗长的蝉歌和杨树叶子哗啦啦地对蝉歌的取笑，秋天是古殿檐头的风铃响，冬天是啄木鸟随意而空旷的啄木声"。用艺术形式对应，春天是一幅画，夏天是长篇小说，秋天是一首短歌或诗，冬天是一群雕塑；以梦对应，春天是树尖上的呼喊，夏天是呼喊中的细雨，秋天是细雨中的土地，冬天是干净的土地上一只孤零零的烟斗。他说："因为这园子，我常常感恩于自己的命运。"

在这里，他思索他要不要去死，他思索他为什么活着，他思索他为什么写作。在他的生命中，似乎注定了要去应付这些沉重的命题。在解开一团又一团迷雾的过程中，他写出《宿命的写作》《写作的事》《活着的事》和《灵魂的事》。这园子，默默地与他同在并承载了这一切，于他有着不同凡响的意义。

徐迟的《废园》回顾了家乡南浔镇上四个私家花园的兴荣衰败。作者儿时曾经在那里玩耍，目睹了园子的优雅布置和美好景象以及园内富贵奢华的生活，然而没有想到，30年后再回故乡，彼时的几处花园均成了废园，凋零破败，无人看管，刹那间不见了昔日景象。有的毁于大火，有的毁于时代，有的不知缘由地被抛置在了荒野中……园林的变迁亦是人事的变迁，园林的命运亦是人间的命运，沉浮不定。读到此处，未免感叹世事的无常、无奈以及永恒之不可得。置身于此，倍感惆怅和力不从心。

还是让园林回归园林吧，不要夹杂太多的思虑，不要承载太多的负累，让呼吸与草木相通，让万物自由伸展，让天地滋养出快乐欢娱的情绪，让人和自然一样天真和纯粹。如沈樱在果子熟透的季节带本散文集坐在果园的窗前，和鸟一起采摘果实，成为果园愉快的食客；如汪曾祺每天都醒在鸟声里，躺在昆明自家的小花园里，看天上的云彩，聆听草在耳畔的声响，或者看书做事之时看海棠花瓣无声地飘落在花梨木桌上……

这美好的景象让我联想到紫竹院公园，而我爱上园林、

· 133 ·

草木也是从紫竹院公园开始的。紫竹院公园在我单位附近,每天我坐在办公室里就能看到公园里的湖水和苍翠的树木,而真正爱上它,还是近几年的事,大概从学习花鸟画,对于花草、园林才多了一份特别的关注开始。我每天早上穿过紫竹院公园去上班,感受那里清新的气息,看花朵盛开,看老人晨练,看鸟在天空中飞翔,听布谷鸟悠扬的传唱;午饭后也常到紫竹院散步,在竹林深处的幽静小路或山坡上的苍松翠柏间静心独处,安然冥想。久而久之,我对这个公园怀有了深厚的感情,对那里的一草一木、四季更迭都已十分熟悉。

紫竹院公园除了一年四季竹影婆娑,园内还有湖,有河,有亭台楼阁,有小桥流水。南面的紫竹湖水占了将近一半的面积,开阔明朗;北面的竹林小径通幽,安静清凉。园林集北方的大气与南方的秀美于一身,设计精巧,却又仿若天成,不露痕迹。林内百鸟欢歌,时而还有吹箫人传出婉转的心曲,更给园林增添了韵味。长河水承载着历史和昔日皇家的荣光于园内蜿蜒穿越,不息流淌,给人以无限的遐想……

如今,每天早上穿过紫竹院公园去上班已成为我一天当中最幸福的事,在这园子里,每天每天都有新奇和惊喜的事情发生。当春天来临,迎春开出第一朵小花,以后的每一天都有期待,碧桃、美人梅、海棠、丁香、紫荆、锦带、牡丹、蔷薇陆续开放,你方开罢我登场,很是一番热闹。驻足花前,沉醉其间,常常不忍离去,想倾尽全力去留住那美好的时刻和美好的瞬间,让时光变得长久。有时候在公园里,我还会碰到花

第二辑 徘徊，于寻梦的路上

鸟画大家徐湛教授和他的夫人，一边散步一边向他请教中国画的问题。随着花鸟画学习的深入，我对花草的感情也在日益加深，过去叫不出名字的，现在已经能够叫出名字，像锦带、紫荆、海棠、美人梅等这些过去叫不出名字的花木就是在这里认识的。而心灵与草木沟通的刹那，更是变得愈加纯粹和纯净。行走在草木间，身心融入的刹那，我的内心充满了欢喜。走在园中的小路上，我常常会看到喜鹊在竹林间蹦蹦跳跳，这园子处处呈现的都是欢乐美好的景象。有一天我忍不住将于我眼前晃动的喜鹊拍下来发在了微信群里并留言说："没有哪一个公园被我理解得像紫竹院公园一样深刻了。我越来越爱这个园子了。"这是由衷的话语。而关于这个园子，几年的浸泡，已远非几句话能够言尽，所以暂且打住，日后有机会再专门讨论。

回到书籍，回到书中"园"的主题，园与人，人与园，原本有着如此密切的联系，家园，故园，公园，菜园，果园，花园，在人们的心里，原本都浸染了无尽的情感和无尽的回忆。

（《园》，陈子善、蔡翔主编，项静选编，山东文艺出版社，2014年6月第1版第1次印刷）

2015年5月24日

面朝大海，春暖花开
——读陈子善、蔡翔主编《海》

我爱海，几乎每年都与大海有至少一次的亲密接触。而今年，整个夏天已被安排得满满当当，先是7月每个周末的书法培训，后是8月半个月的欧洲之旅，之后便接上咪宝开学了。想必这个夏天是没有机会去海边了，于是捧起陈子善、蔡翔主编的《海》，权且过一把精神的海瘾吧。

《海》，将茅盾、老舍、巴金、冰心、郑振铎、王蒙、丰子恺、余光中、秦牧、唐弢、苏青等作家写海的散文集合在一起，与爱海的人分享海的不同情状以及作家对海的不同情感和情怀。同样的热爱，却有不同的感悟。有人侧重描写海上绝美的景色，有人注重分享海边奇异的见闻，有人深情回忆与海有关的种种经历，也有人重点关注渔村和渔民的生存状态。每个人的海，都是不同的。然而对于大海的浩瀚与神秘，他们表示出了一致的叹服和敬畏。在海面前，一切都显得那么渺小，那么无力，那么微不足道，即使是一个熟习了水性、自以为可以与之搏斗的渔民或水手，到头来依然会发现，其所谓的"搏斗"，更确切地说，仍是对海的"顺应"与"尊重"。

余光中在他的文章中谈到海在中外文化中的不同地位："我们这民族，望海也不知望了多少年了，甚至出海、讨海，也不知多少代了。奇怪的是，海在我们的文学里并不占什么分量。"当他谈到绘画也是如此，我联想到某日在国家博物馆看的一个展览——美国大都会艺术博物馆精品展，其中的一幅海上日出的油画作品给我留下了深刻印象：晨雾弥漫之中呈现淡灰调子的大海之上，虽无瑰丽奇异的色彩，却有着少有的平和与宁静，那是无尽的美的享受。而中国画中，似乎真的没有看到过海的形象，这是为什么？我不由得想象，如果有一天，在宣纸上画上一幅海上日出图，那会是一幅怎样的画面，将引发怎样的感受？面朝大海，我们可以挥毫一试吗？

在当代散文家斯妤眼里，南方和北方的海是不同的，她怀念故乡厦门的海："这是南方的海，我故乡的海，终日奔涌喧哗着的阳光的海。我曾是那片海域的女儿，它那湛蓝得近乎神奇的宽广怀抱，培育了我最初的温婉深情、明媚清丽。"对于海边长大的她来说，大海的某些表情和秉性应该早已于不经意间注入了她的生命和血脉吧，因此无论走到哪里，家乡的海的气息都会萦绕着她。

我出差看到的厦门的海是在飞机起飞和降落的瞬间俯瞰的海，远远望去，被楼群和山头分割的海域如斯妤描写的一样湛蓝。因距离产生的美使厦门的海在我的想象中更加富有诱惑力。

在我的印象里，南方和北方的海也是不同的。比如三亚的海，明显多了一些清秀与灵动；而青岛的海，天然滋生着北方的朴实与敦厚。同样的名字，因时、因地、因机缘的不同，却有着不尽相同的造化。熟悉它的人们，在细微之处嗅出属于自己的那一片海。无论走了多远，或许终会回来。

而大海，在被安守的时刻也是最美丽的。这让我想起泰国沙美岛的另一个场景。在我们留宿沙美岛的一天时间里，早中晚三餐几乎都能见到一位黄头发蓝眼睛的女士，面朝大海，安坐桌前，铺开一袭白纸，不停地写着，写着。我不知道那上面写的是什么，信笺？小说？抑或是诗歌？但她的神态和表情是那么平静淡远、从容笃定，海边的时光在她那里是不疾不徐的。她，连同她的文字，似乎都将与海长相处，长相依……这亦是海边难得的风景，充满了诗意和想象。

我想去海边了。

每当夏季来临，我都会情不自禁地想要策划海边的旅行，无论是远在异国他乡，还是近在城市周边。每一次的海边之旅，都给我带来无尽的美好回忆。

想起兴城的海边木屋，耳畔仍弥漫着哗哗的海浪声，脑中尽是湿漉漉的记忆；想起长滩的落日帆影，心情被衬托得依然轻快明丽；想起澳门的黑沙滩，烤秋刀鱼的香气仍驻留在舌尖；即使是在天津乘汽艇翻入大海，过后亦是温馨的回忆；而一家三口一周的日韩海上巡游，则将人生的平静、悠闲与幸福挥洒到极致……

  难忘某个傍晚在乐亭的海边，在沙滩上简易搭设的卡拉OK场所，老公拉着女儿的小手，一起唱《晴朗》，以及我们刚刚认识的时候他给我唱过的《其实不想走》。那一刻的时光，在大海简洁概括的背景下，显得如此美好……

  前些天我又说去海边，没想到女儿表现出意外的冷淡。她说她不想去海边了，问她为什么，她说怕晒黑了。那一刻我忽然意识到，眼前的这个小孩儿，已不是昔日的那个小孩儿了。从八九年前暴晒在三亚浓烈的阳光下不管不顾地挖沙子，到不愿去海边怕晒黑了，不知不觉地，这个小孩儿，已经是12岁爱美的大姑娘了。那一刻，我的内心不经意间被轻轻触动，不禁发出唏嘘感慨。

  我不知道时光还会改变什么，但我知道我依然喜欢海，因为每一次海边的记忆都与家、与爱相连。合上书本，我又陷入了对海的无边遐想……

（《海》，陈子善、蔡翔主编，项静选编，山东文艺出版社，2013年5月第1版第1次印刷）

2014年7月25日

自然卷：安然，安在

家的记忆，生命的河
——读陈子善、蔡翔主编《河》

也许是最近迷恋画画，大部分时间和心思都被绘画占据的缘故，这本《河》被我读得漫不经心，直到去无锡出差的飞机上才又慢慢地进入并找到了感觉。河，原本是应该具有丰富的内涵的。因为它与我们息息相关。

就像沈静在《我的红河》一文中所说，"文明总是从一条河流开始"，无论大小，几乎每一座城市都有它特有的河流，天津的海河，南京的秦淮河，柳州的柳江河，上海的黄浦江，广州的珠江，重庆的嘉陵江，哈尔滨的松花江；地处中原的地级市漯河也有美丽的沙河和澧河从市中心缓缓流过……人与河，原本有着不可切割的关联。中秋节前的那个傍晚我们漫步沙河边，看到人们或沿河散步，或静坐垂钓，或挥臂畅游，或在河边玩耍，或列队健身，一派祥和景象。两岸霓虹闪烁，欢歌笑语。这已经成为市民自然而然却不可或缺的一部分。这静静流淌的河流，日复一日，带给了他们多少的幸福和欢乐啊！

在无锡出差时，我们在入住的君来世尊酒店旁边无意中发现了巡塘古镇。小镇不大，却也是依河（巡塘河）而建，人们枕河而居。小桥流水人家，远远望去，在夕阳的映照下别具风情，俨然一幅江南水墨画。小镇虽然正在重建，居民被迁往了他处，但从遗留下来的机关会所、深宅大院和民间雕塑，依然可以想见昔日的热闹景象和街市繁华这。巡塘河，这条并不起眼的河流给予了他们安居的乐土，也一定给予了他们长相依恋的情感。不知道被迁往他处的居民是否还有机会回来？不知道他们是否还有机会住进他们的老宅？人与河，河与人，依存共生，原本都不可或缺；缺少了任何一个，都将缺少灵性与生机。

"水是万物之源，一个地方如果没有水，这个地方就不会有旺盛的生命迹象，也就不会形成村庄。"长江和黄河更是开启了整个的华夏文明，与华夏子孙有着密不可分的血脉联系。

方方的《玩水》写得很感人，从1966年7月16日73岁高龄的毛泽东再度畅游长江并信口吟哦"万里长江横渡，极目楚天舒。不管风吹浪打，胜似闲庭信步"的豪迈诗句，到武汉每年7月16日的"渡水节"和横渡长江活动，这条波澜壮阔的大江激发了武汉人经久不息的热情，成就了英雄豪杰，也酿就了永久悲伤，在作者的童年印象中有着难以磨灭的复杂记忆。然而，人们仍然离不开这江、这河、这水。"没有哪一

自然卷：安然，安在

座城市像武汉这样，把玩水当作生活中一件了不得的大事来做。然而你只要生活在了武汉，也就由不得你不把它当成生活中的大事。"这大概就是一条河无声无息，但却潜入灵魂、深入骨髓的影响吧。

我家住在黄河边，长东黄河大桥一头连接河南的长垣，另一头连接山东的东明。由于离黄河实际还有几公里或十几公里，小时候对于黄河并没有特别深厚的感情和记忆。中学和大学时代，以及工作之后，我曾经跟同学好友一起游览黄河大桥并在河里泛舟。看着滚滚东去的黄河水，我曾经在河滩上写下："生命如流水"，然而黄河就是一条河，是一种习以为常的存在，我并不知道它与我还有着多么紧密和迫切的关联。

如今，我在河边写下的字早已被河水冲刷干净、不留痕迹了，然而天南地北，生命之流将我带向了何方呢？此处，彼处，仿佛都是一样扑朔迷离、朦胧遥远。离开了黄河，离开了家，潜意识里我仿佛又在寻找着黄河、寻找着家了。每次出差或游玩，对于黄河，我都会给予多一些的关注，并告诉人家我家住在黄河边。在兰州，我早早起来，抽出早饭前的一会儿工夫打车跑到黄河边，站在百年大桥上，第一次看到穿行在山间的黄河水竟然如此之清；而从腾格里沙漠旁滚滚流过的宁夏的黄河水却有着黄河固有的雄浑和气势，王维"大漠孤烟直，长河落日圆"的诗句更给它平添了一分悲壮；在西安碑林博物馆当我看到《碑林图说》和《黄河残图》的刹那也会有亲切之感，忍不住会多站一会儿；我还曾经带着老人、孩子专门去黄河入海口的东营游览,坐在船上,重温黄河的奇特与壮观,吟咏"白日依山尽,黄河入海流"的绝美诗句……而回到了家乡,我更是会在黄河大桥上停车,扶着桥栏杆静静地多看它一眼,并与它合影留念。

我离开了黄河,又一路追逐着黄河,原来它在我的心里。那是生命之源吗?还是一种血缘般的牵扯?

家的记忆,生命的河。一次星云大师书法展上的一幅大字"活水人生"仿佛使我得到了启示:这不正是早些年我在黄河边写下的"生命如流水"吗?离开了家乡,离开了河,然而靠着如水生命的滋养,无论在哪里,我们不是都可以走出我们的活水人生吗?

(《河》,陈子善、蔡翔主编,林凌选编,山东文艺出版社,2013年5月第1版第1次印刷)

2013年9月28日、29日

来这里,邂逅一场花事
——读沈胜衣《行旅花木》

他所有的旅行似乎都是为花木而来,带上一本花书,邂逅一场花事,吟咏一篇涉及草木的诗词,写上一段关乎花草的文字,优哉游哉,不亦乐乎。而我,在这百花盛开的人间四月天,邂逅这诗意盎然的文字,是否也是难得的机缘和幸遇呢?

然而春天,的确是一场盛大的欢喜。从迎春冲破寒冬报来春信,到此时海棠、丁香、碧桃、紫荆粲然绽放,照耀着紫竹院乃至整个都市,身在其中的我们每一天都沉浸于无边的欢喜中。而这本书,仿若欢喜之中伸展过来的一枝新的花束,更是给我的心头平添了一分喜悦。是的,"能有好花在身旁的时候,好好去欣赏吧"!

我很感激出生在这无限明媚的、初生般美好的季节,走在繁茂的花丛和葳蕤的草木间,听着布谷鸟悠扬的歌唱,恍惚间常有身心融入自然、物我两忘的感觉——这欢乐明快的调子和生机勃勃的气场显然是适合我的,生命中本有着许多莫名的联系。陶醉其间,有时会想象自己幻化成一棵树木、一束花朵,在阳光的照射下从容地生长,安静地感知,感受生命内在的律动与欢喜——有空气,有阳光,像植物般顺应时序地生长,这难道不是一种幸福吗?这些草木,这些花朵,或孕育,或收储,或萌发,或开放,安静从容,明媚娴雅,开落有致,无论寒冬酷暑,各有姿容,悠然自在。而当春日来临,无法掩抑的内在能量重被激起,骤然释放,刹那间融汇成春天美妙的合唱。年年岁岁,岁岁年年,它们顺应自然,生生不息,而又自适自足,从容淡定;缤纷绚烂,千姿百态,而又归于内在的寂美;安于宁静,又不避繁华,给欣赏花木者以无限的欣喜与宽慰。

让我们也慢下脚步吧,无须奔跑,无须追逐,生命本身就是一场欢喜和庆祝,就是一场盛开与绽放。在此时,在此地,在这一尘不染的瞬间,让我们聆听花开的声音……

无论是《诗经》远古桑林里"既见君子,其乐如何"的盈盈笑语,还是曼妙西湖边折柳相赠的离情别绪;无论是"烂漫开红次第深"的满城蔷薇,还是"占春颜色最风流"的遍地海棠,都寄托着人们心中自然美好的感情。人作为自然万物之一种,其内心与万物本有着微妙的感应。花事,更是连着心事。擅长写花草的沈胜衣对花草自是有着一份独特、细腻的情怀,不经意的小花小草顷刻间即能惊醒他内在强烈的感觉和丰富的联想,使他沉醉于花前树下和人生无尽的美感里。我喜

自然卷：安然，安在

欢他在这本书里没有另一本《杂花生树中》的虚无和惆怅，面对大好春光，除了欢喜，还是欢喜。

是的，我们的生命，原本可以如花草般简单无染，自在而美好。

自从学习花鸟画，对于花草原本木然无知的我也开始留心它们的开合与荣枯了。穿过紫竹院去上班成了我每天最感快乐的事。草木有情，开合有意，春夏秋冬，风霜雨露，身边的花草绿植天天都在发生着变化，时时都在给予我们新的启示与欣喜。徜徉其间，心顿时安静下来。有一天我被一棵树上开满的海棠花吸引，流连良久，追着花间飞舞的蜜蜂试图将它拍下来。这会儿工夫，再看之前还是抱紧了的花苞，此时已经裂开了一条小缝。那一刻，我真的看到了花开，亦仿佛真的听到了花开的声音，顷刻间的欣喜是无法掩抑的。

有时候在公园偶遇花鸟画大师徐湛先生，先生还会给我讲解花草的名称、结构，这种花与那种花，比如迎春和连翘、牡丹与芍药的不同，对我说迎春是五瓣，而连翘是四瓣；迎春花瓣短，连翘花瓣长……有一次说着说着，徐先生随手捡起一个迎春花的干枝，让我看它的梗，说是四方形楞状的。我一看，果然如此，自此，我知道了画家的观察更比平常的赏花人细腻数倍。

说到这里，想起书的作者沈胜衣：如此一个独钟花草的人，在开篇的《春水黄花闲江南》中怎么会分不清迎春和连翘呢？说实话，这使我对他的"信任"打了一点小小的折扣。然而正如沈先生赏花看重的是审美价值而非实用价值，这本书虽引用了很多文献，但毕竟不是一本研究和考证书。把它当作一场文人雅事，还是足可赏心的。

（《行旅花木》，沈胜衣著，海豚出版社，2013年10月第1版第1次印刷）

2015年4月21日

跟随自我的秉性
——读周国平《偶尔远行》

偶尔远行，一出门就是南极，这正是《偶尔远行》这本书最吸引人之处。该书分两个部分，前半部分写南极，后半部分写欧洲。

几年前，周国平先生应邀开始了他长达 59 天的南极之旅，两个月的独特之旅将会发生什么？将有哪些奇闻异想出现？有哪些独特感受满足读者的好奇心？然而作家就是作家，他们无论在哪里都有自己的独立性情。在周国平眼里，南极无新闻；新闻是追风、热闹的一族，而南极是凄清寂寞之地。在一个作家的眼里，南极除了冰天雪地和单纯背景下不多的生物种类，还有的是他的思考和沉淀。他无法按赞助者所希望的去制造新闻，更无法为了迎合读者而对在那里的"惊险遭遇"夸大其辞。在他看来，南极就是南极，以它的本来面目静静地待在那里。"在远离新闻的地方，才会有真正的体验。"如果你只是用记者的眼光在那里寻找新闻，你所能找到的就只能是一些暂居这里的人之间的琐事，而对南极本身却视而不见。"南极的价值恰恰在于它的千古纯净，超越于人类的一切污染（包括新闻污染）之外。"

然而，有人类居住的地方都会呈现人类的本性，南极的考察站也不例外。周国平在南极看到的长城站就是一个社交的小圈子，就是一个人类的小社会。暂居那里的人们频繁地欢聚，与外界交往，做一切逃避寂寞冷清的努力。他们隔三差五地还要按照人类制定的规则开会、讨论、制定方略计划，和在国内看到的几无二致。这热闹使周国平深感乏味："没有个人价值目标的人集合在一起，集体生活就会成为价值本身……你跑到这天边来，当然不是为了把两个月的光阴耗在琐碎的人际关系上。"

周国平先生是作家，作家必然有独处的能力和需要。我同意他所说："在都市也罢，在南极也罢，每个人总是按自己的秉性生活的。"在那里，他白天关门写作，傍晚于海边漫步，领略大自然的伟力和神奇，自始至终过着清静自由的日子。在冰山和海洋阔大、简洁的背景下，抛开俗务，凝视心灵，如此单纯的经历其实是难得的。在阅读的过程中，我脑子里不时地在想：如果是我在这么一个寂寞清冷的地方待上两个月，又会有怎样的感受呢？无论如何，一定丰富而独特。

作家是靠思想过活的，需要一种沉静的力量。在那与世隔绝的59天里，他跟随自己的本性躲避人群，远离喧嚣，拒绝考察站多数的社交活动，获得了不同的感受。这是他真正的财富和收获。在那里，他看到现代人生活的两个弊病：一方面，文明为我们创造了越来越优裕的物质条件，远超出维持生命之所需，那超出的部分固然为我们提供了享受，但同时也使我们的生活方式变得复杂，离生命在自然界的本来状态越来越远。"对极限体验的追求是对现代文明的抗议和背叛，是找回生命的原始力量和原初感觉的努力。"置身于特殊的环境中，他看到了人与自然、人与人、人与社会的关系，看到了社会是一个使人性复杂的领域。"对于那些精神本能强烈的人来说，节制社会交往和简化社会关系乃是自然而然的事情。"在一个无比单调的空间里，他反而拥有了丰富的人生感悟，更加照见了自己。

作家同时又是富有人性的。在南极，他被一位专门研究贼鸥的科学家讲的故事震撼了。有一回，科学家看见一只小贼鸥掉在了冰窟里，它的妈妈围着冰窟窿转圈子，焦急地叫唤着。很显然，这个可怜的妈妈完全没有办法把自己的孩子救出来。当时，这位科学家只需伸一伸手，就能救小贼鸥一命。可是，他想到不该对南极的生态进行干预，于是没有伸手。第二天，他再去那里看，小贼欧已经冻死在冰窟窿里了。这故事让他、也让我倍感痛惜，我和周先生的感觉一样："在这种情形下，人是应当听从自己的恻隐之心的。唉，我多么希望经过那个冰窟窿的人是我而不是那个科学家啊。"

这让我联想到20年前我在读新闻学院时老师在课堂上讲的一个经典案例：新闻记者看到有人要从桥上跳河自杀，是应该去救人,还是应该"客观报道"?如果说当时年轻,在"新闻原则""职业素养"等概念的迷惑下确被这个问题问到了两难境地的话,那么现在我会毫不犹豫地说:"当然是救人!"生命重要还是你记录下来的新闻重要?一条见死不救拍下来或写下来的新闻,究竟有无价值,价值在哪里?在今天的我看来,这简直就不是一个问题,和科学家之面对小贼鸥是一个道理。我们可以暂时丧失新闻,丧失科学,但我们不能没有人性。缺乏人性的新闻和科学黯淡无光,不是人类的福祉。

在别人的眼里,身为作家的周国平或许有点儿孤僻,或许有点儿不合群,但我知道他的内心是充实、欢喜、满足的。现实中的我,也有类似的性情和倾向,与这本书的感觉和气场相合,因此这本书读来颇为愉快。

本书写欧洲的部分风格与南极一脉相承,平和散淡、自然随性,显示了一贯的真性情。德国、法国、瑞士,或讲学或暂住,均非匆匆的旅行,所以自有一种从容自在。

书中写到的很多地方也是我曾去过的,像卢浮宫、圣母百花大教堂、瑞士小镇、地中海,读来感觉自然亲切。但我跟团的旅行没有他悠闲自在,我没有机会到他说的塞纳河左岸闲逛。据他介绍,"塞纳河左岸的拉丁区是文人必逛的地方,这里的每一寸土地似乎都积淀了深厚的文化"。我没有机会像他一样在参观圣彼得大教堂前先去参观梵蒂冈博物馆,饱览那里的拉奥孔群雕和拉斐尔小室里的《雅典学园》;没有机会像他一样跳进戛纳宁静的海里自由徜徉;没有机会像他一样住在海

自然卷：安然，安在

德堡最美丽的城堡边，在舒缓的节奏中领略小城迷人的自然和人文景观……对于作家，这些都是难得的经历和体验。所到之处，他用人文的眼光去搜寻和发现，用本我的心灵去感悟和思考。在巴黎的先贤祠，他看到"一个懂得《小王子》作者之伟大的民族是多么可爱"。在朋友给他过50岁生日的刹那，他陡然感到自己"对人生已有了一种超乎恩恩怨怨的感激"。而面对香榭丽舍大街琳琅满目的名牌店，和我的感觉一样，他说他看不懂，并说："它们使我疲劳。"

在海德堡，他和家人一起度过了6个月的温馨时光。那6个月里，脚步是缓慢的，时间是柔软的，他一边给海德堡大学的年轻人讲学，一边又不耽误陪妻女散步、漫游。看着亲密的爱人相伴身边，看着不到十个月的女儿快乐成长，他由衷地感到幸福："啾啾正在学步，她多么幸运，在这样美丽而广阔的地方学会走路，走向美丽而广阔的人生。"一点一滴，都成了作家笔下温暖的回忆。文学即人学，这些景致，亦是书的一部分。

（《偶尔远行》，周国平著，长江文艺出版社，2013年5月第1版，2014年9月第4次印刷）

2015年9月29日

一边行走，一边思索
——读刘再复《四海行吟》

"如同人类生来就具有爱美的天性一样，爱自由也是一种天性。爱美与爱自由的天性是任何概念、任何学说、任何力量都阻挡不了的。"爱自由是天性，然而自由又非唾手可得，很多人为之付出了艰辛的代价，正如刘再复先生在说这番话时，语气里仿佛亦带着些许的沉重，流露出隐隐的忧伤。

离开故国四海漫游的他边行走边思索，保留了文人感性的触角和知识分子、思想者独立思考的习惯，触景生情或回首往昔，都有自己的一番深刻见解。一个忠于内心的人是无法轻易背离自己的灵魂，改变自己的主张的。无论经历了什么，他都无法放弃信仰。他寻找着自己的土壤，在欧洲，在北美，在他去的任何一个地方。

走出了某个狭隘的角度，他以更加开阔的视野去看世界，用更加融通的思维去看东方和西方，以更加悲悯和体恤的情怀去观照人生，回归，回到最原初的地方，贴近自然草木，河流山川，重拾原始的纯真，或陶醉于璀璨的艺术遗存，被美照耀而暂时忘却世上的痛苦忧伤。

有时候，人生就是一个艰难的旅程，在文明的局限中被迫扭曲或不得施展。然而人类追求自由、幸福的声音不曾停息。也许是在现实的世界里经受了太多的创伤，被压抑了太久，他说："自由、幸福等要素才能构成温馨的磁场，才能让人热爱所在地的生活而不去做'突围'的冒险。"在内心深处，他渴望世界变得温馨而柔软，而他的每一句话中似乎又都带着伤痕，有时读来会有些许的沉重和沉默。

而他终究是倔强的："我是东方的文学信徒，从小就信仰文学，信仰真、善、美。我知道对于文学仅有兴趣是不够的，还必须有信仰。"我很欣赏他的这番真情表白。对于一个文学信徒，也许只有真善美的氛围才能与其内在的心灵长相契合。而文学只有上升为信仰，才能成为真正意义上的文学，才能最终超越文学。

我翻阅此书，时而有似曾相识的感觉，后来发现将近一半的文章在他别的集子里都读过：《世界游思》，或者《漂泊心绪》。有点不过瘾。

（《四海行吟》，刘再复著，中国人民大学出版社，2015年6月第1版第1次印刷）

2016 年 9 月 25 日 - 27 日

在澳洲[①]，在中国
——读蔡成《一个人的澳洲》

　　这是一个移民者的澳洲笔记。从初抵澳洲，到受一个偶然事件的启发坚定了留下来的决心，到两次置业安家落户，作者写了这个过程中的所见所闻：有自己亲历的，也有别人的故事。这些内容对于不了解澳洲的读者有一定的价值和意义。

　　无论是澳洲、美国，还是加拿大，这些移民国家当今的移民者已不同于早期的移民者：一两百、两三百年前的移民者大都是为生活所迫逃荒（或者说逃命）而来。贫穷、饥饿或受战乱纷扰的他们从遥远的故国出发，闷在肮脏污秽、瘟疫盛行、风雨飘摇的运货船里，历经千难万险侥幸存活来到新大陆。那是死里逃生的无奈壮举，付出的代价可想而知。今天的移民者绝大多数已非贫穷、困顿的阶层，相反，他们手中掌握着丰厚的资产和资源，掌握着拥有新选择的不同门道和途

[①] 本文中澳洲就是指澳大利亚。

径。他们来到新大陆只是为了拓展人生，谋求更好的生活，与披荆斩棘、呕心沥血的第一代移民者相比，他们的行为之中透着无形的优越感，这从蔡成的文字里就可看出来。这种于文字中时不时浮现出来的优越感有时虽难免给人轻佻、肤浅的感觉，但他所说的的确也是事实。移民者选择新大陆，都是因为他们对新大陆抱有全新的期待。移民的流向也是从一个地方移至能给他带来更多期待的地方，通常是从落后的地方到相对发达和文明进步的地方。追逐幸福是人的本性。据说当今中国的移民数量逐年提升，还有为数不少的家庭选择将孩子送往海外留学，其中官员和富商占了很大比重。而移民者中还有一部分已经拥有了财务自由，他们去往一片新的土地只为享受生活，与聚居在唐人街或中国城的早期移民已经不在一个概念层次上。

  当然，无论是早期还是当今的移民，去到一片全然陌生的土地都需经过一番考量和适应。蔡成采访了来自世界各地（中国、印度、越南、缅甸、柬埔寨等）的移民者，和他们聊天、交朋友，记述他们的心情和境遇。这些人当中有技术移民、投资移民等合法渠道的移民者，也有冒险而来的偷渡客。柬埔寨的美兰当年在混乱的厮杀中听到母亲说"快跑"而躲过刺刀幸免于难，之后他跟叔叔搭载逃生的小船逃往澳洲，以难民身份留在了那里。而另一名默默无闻、躲避采访的男子则是早年因生活所迫从泰国偷渡至澳洲，来澳洲谋生的，在那里过着小心翼翼的生活。忆及当年，他说，当历尽磨难终于看到澳洲新大陆的海岸的时候,船不敢靠岸,蛇头远远地将他们抛在了海里,人人都需拼尽全力和意志为活下去进行最后的挣扎,和死神进行最后的搏斗;能否游过去,就看他们的造化了。幸好,他游了过去,才有了以后在澳洲"偷生"的岁月。"仓廪实而知礼节,衣食足而知荣辱",当被生活的重担压得喘不过气到达了极限,或眼下的生路都被堵住的时候,求生是人的本能。当然,这些向死而生的另类移民者毕竟还是极少数,虽然他们的经历对于他们自己来说至今依然刻骨铭心、不堪回首。

更多的移民者像作者一样,怀着好奇的心情一点点地去了解那全新的土地,那土地上的规则、习惯,以及在同一片土地上共同生活着的人们。他们感受着,权衡着,思量着,看到底要不要永久地留在那里……文化的碰撞是必然的,习惯了中国拼命般的工作节奏和工作效率,看到澳洲大陆磨洋工般的工作作风简直就是不可思议:一位中国移民初抵澳洲,找到一份邮递员的工作。干了几天,上司找到他,问为什么 11 点在某某家门口没有看到他,因为以前送报的人 11 点的时候准时到达这里。他骄傲地对上司说:"我 11 点就全部送完了呀!"为显示自己的工作能力,他还请求上司多派给他一些工作,万万没有想到的是,他被上司开除了!理由是:你都做完了,别人做什么呀?呵呵,大概这就是"国情"吧。不同的世界,让我们看到有不同的工作和生活方式,而很多时候,并非只有一种是对的。

自然卷：安然，安在

曾经和一位从加拿大回来的朋友聊天，她说在加拿大，生活平和安逸，不需要像打仗一样，人们的思想自然也非常单纯，她说："人在平和、舒缓状态下会非常好，你知道吗？"她给我讲起她在加拿大不止一次受到陌生人帮助的故事，脸上、心中都泛起暖意。其实，我不止一次听到从国外回来的朋友谈到类似让人感觉温暖的情节，就如作者蔡成有一次在澳洲问去动物园的路，问完路已经走了一段了，被问路的那对澳洲老夫妇看他们没有车，担心他们会走得太远，又绕道专门开车回来，执意送他们过去。连不沾亲不带故的陌生人都这样被担心、牵挂和放不下，这就是所谓的"NICE"吧？而正是这次经历，使蔡成坚定了永久留在澳洲的决心。在那里，他看到很多人都像自己一样，过着有规律而又悠闲的生活，没有太多的纷扰，下班就是安心地陪伴家人，享受家庭的温暖，而不像国内，人人都忙于应酬，不着家。我的那位从加拿大回来的朋友，她在国内工作的先生亦是如此。她说为了迎合、讨好或应对不同的人，她的先生曾经备了四部手机，每部手机都将不同的人分类编号，区别对待。电话没日没夜地打，什么时候、什么情况下打给谁，用哪部手机打，说什么话、用什么口气，都不能搞错。很多脑筋都用在了这些方面，个人的生活也被挤占了，于长期的磨炼之下，人的大脑都变复杂了。而这，并非个别现象，人人似乎都在奔波和忙碌。

而悠闲、无忧的背后，究竟是什么在支撑呢？蔡成在书里也简单提到，比如健全的法律和医疗、教育等优厚的福利制

第二辑　徘徊，于寻梦的路上

度等，就是问题的关键。比如纳税人的每一项税金被用在了什么地方，几块用于修建公园，几块用在维修马路，几块用于教育，等等，据说都列得一清二楚，全都摆在了阳光下，让纳税人税缴得明明白白、心甘情愿。而医疗、教育、住房则是人的基本保障，是影响和困扰人们生活的三大要素，也是引起人们内心深层不安的重要原因。假如这三个方面的担忧没有了，还有人愿意无奈地奔命吗？那时，人们由自然本心的兴趣所引发的创造力是否反而会极大地提升了呢？如果一个人还在受着这三个基本方面的困扰，那他就无法摆脱内在的不安全感，他就只能为之拼搏和奋斗。当然，这也是"国情"所决定的，但并非人们的理想和所愿。眼下疯狂的一切，但愿只是暂时的吧。

在书里，他还写到了在澳洲的购房、选举等，写到了他在澳洲的海边花 200 多万元人民币买了一栋在深圳需要花 2000 万元才可能买得到的将近 600 平方米的房子。当他跟当地人谈及价格差异时，2000 万的天价顿时将澳洲的房屋经纪人惊呆了。这令人难以置信，但却是真的。这些差异，促使他在澳洲与中国的对比中思考和写作，虽不深刻，但作为一般性了解，也可读读。

（《一个人的澳洲》，蔡成著，上海三联书店，2016 年 4 月第 2 版第 1 次印刷）

2016 年 9 月 14 日、18 日

自然卷：安然，安在

无名恬淡，我自风流
——读袁宇澄《枫言枫语》

如今还有年轻人如此安静地沉浸在文字里，或静心领悟，或自由思考，到底还应算是一件幸福的事吧？虽然袁宇澄偶尔也会感叹生不逢时，感叹"闲云野鹤的生活在如今与幸福相斥"，但他改不了上天赋予他的秉性：人的天赋气质是与生俱来，从一开始就潜在于生命中的——当然，由着自己的天性去生活，原本是一件多么美的事啊！当今社会，远离自我的天性与禀赋，不顾自我内心的声音，盲目地奋斗、拼搏、竞争，追逐潮流、时尚和世间功利并因此扭曲的人还少吗？也许正因如此，这本《枫言枫语》才让我倍感清新。

虽然袁宇澄的父亲在给儿子写的序言中颇为谦虚地说："毕竟太稚嫩，太没底气了，所以只能让我这个当父亲的写上几句。"但翻开书来，他的文字呈现给我的是一派恬静，看不出当前畅销书里的丝毫浮躁，也没有旅游或留学书籍中惯常的实用和功利信息。这个孩子是完全沉浸在文字里去享受文字和自己的生活的，于平实中透着一股真气。看得出来，感觉得到，文字只是他生活的一种方式，就像每一篇短文都注明了日期，跨度亦达好几年，明显不是为出书而出书的仓促所为（据说今天的图书市场不乏此种行为，所谓的"枪手"，即是此类码字的机械工，当然，如此炮制出来的文字再精致，仔细读来，总能感受到局促的气息），如果不加标题，也可以说是一篇篇的日记，然而它们随意、随性，自由散淡，看不出丝毫的心浮气躁。在这一尘不染的纯净里，我和作者一同陷入青春的联想，感受到再没有比读书更美好的时光。这样的感觉不是一个成熟的作家能给予我的，也不是成名的作家能轻易给予我的——青春不可替代，无论成熟还是稚嫩，无论欢快还是忧伤，都有着不可替代的美。

也许，这就是我喜欢这本书的原因。

他让我想到学生时代如他一样亦在安静书写的自己，多少的心情和思绪隐含于自处的文字里，多少的美好时光借着文字不息地延展，鲜活的生活在那些时刻驻留、定格，无数个清醒抑或迷茫的日子因为真实而散发着迷人的光彩。生命本身就是一首诗、一本书，袁宇澄就是以这样的方式展开和叙述着他自己的故事，袒露着他自己的心迹，在思索和记述中让生命沉淀和升华。

人们常说"静能生慧"，也许正是这沉静的性格，使他于经意或不经意间总会产生许多有意义的人生思索，他的文字中也时不时地穿插着一些人生感悟，仿佛上天时刻在给予他启

自然卷：安然，安在

示。去趟迪士尼乐园，他想到"人生是华丽的错觉"；坐一次摩天轮，他感觉人生就如不断旋转的摩天轮，从高潮到低谷，起点也是终点："经历过起点、高点、低点的起伏，我们会把人生看开，幸福的时光总是短暂的，而这种短暂会让我们在低谷时回首，感到欣慰。"即使从无数家长痛恨、耗费了许多青少年宝贵时光的网络游戏中，他也能汲取营养，吸收有益的东西，将其看作一场梦境，而不沉迷于此，做到能进能出；进时享受其中的音乐、美术和欢乐，出时将其忘得一干二净。"这只是一场梦，何必在意太多。"置身千般诱惑，亦能看清自身："梦境的冗长兴许会衰老我们的身心，但我们还是原来的我们，看似始终无休，却一直都很安静。"如此洒脱和自省，谁说不是一种成熟呢？他如此地一边生活，一边感触，一边思索，其沉静的性格和枫叶之国静谧安然的气质又是如此完美地契合在一起，使人感到那真是一片适合他的土地。他自己也说："对于习惯于静心写作、热衷慢节奏生活的人来说，这儿绝对是一片乐土。"人，难道不是应该找到自己开花、生长的土壤，全然地去伸展和释放吗？祝福他。

他的目之所及、心之所想，亦不乏文化观照；对于世事、自然，他亦有自己的看法和主张。看到唐人街的衰败景象，他深感惋惜："五千年的文明在三百年的新兴文明面前甘拜下风，谁之过？"来到落基山，他认定："漫游是最好的方式，少思考，多欣赏，美从来不需要上升到精神层面。"如此直率、单纯，但不造作。看到西方人于暮年逍遥地四海云游，他想到：

第二辑　徘徊，于寻梦的路上

"这样豁达的情怀也许是下象棋或是打麻将的老人们无法体会的。"在《遇见平凡》一文中，他说："我们在追寻理想的道路上披荆斩棘，却直到看见平凡才是唯一的答案。"如此的认识和表述里，俨然已经有了一些哲学的意味。"人们为什么要为鸡毛蒜皮的小事争得你死我活？无厘头的新闻充斥着报纸与门户网站，究竟经历了什么才能让这些人的心胸变得如此狭隘？"读到这里，我的内心涌出的是一片欣喜——我们真正需要的，不正是这样的青年吗？人要胸怀诗和远方，而不是眼前的锱铢必较，超脱于眼前的功利得失，将目光放得高远，将胸怀变得博大。

他的思绪不时在加拿大和他上大学时生活的南京城之间飘移，勃勃的朝气伴着淡淡的感伤，安静与镇定之中不无迷茫。然而，贵在没有成人雕琢的痕迹。书的最后一章索性全是作者上大学时的感悟了，与书名不甚吻合，但也真诚真挚，不必在意。

无名恬淡，我自风流。这个孩子，我很看好。同时也为作为我报业同行的他的父亲感到欣慰。

（《枫言枫语》，袁宇澄著，江苏凤凰文艺出版社，2017年1月第1版第1次印刷）

2017年2月28日

自然卷：安然，安在

徘徊，于寻梦的路上
——读雪莉《印象加拿大》

我们的视野总是会在好奇心的导引下渐次打开。暑假要去加拿大，于是手里有了这本《印象加拿大》，算是去之前做的一次"功课"：这是一个怎样的国度？它有着怎样的历史、怎样的文化、怎样的现状、怎样的性格？我希望通过本书先了解一二。

这本《印象加拿大》虽然没有回答我的所有问题，但是作者雪莉从一个亲历者的角度讲述了她在加拿大的生活、安顿在哈密尔顿的始末以及在住所周边的所见所闻，对于初临加拿大或将赴加拿大的朋友还是会有所助益的。

每一次阅读都是一次聊天、一次倾听，从别人的经验里获得一份参照，正所谓开卷有益。本书作者雪莉在赴加拿大之前曾是中央电视台的一名编导，相同的职业经历无形中增添了我对她的一点亲近感，这也是促成我买来这本书的缘由之一。

雪莉在书里记录了许多加拿大的日常琐碎之事，从租房到考驾照，从留学到移民，都力所能及给出了具体的"指南"，甚至对一家三口在加拿大生活一年大概需要多少开支都做了计算，勾勒出加拿大的大致轮廓。而在此过程中，也自然而然地折射出异国文化的独特风貌和多国文化的融汇交流。加拿大是一个只有一百多年历史的年轻国度，是一个拥有世界第二大国土面积却只有大约3400万人口的空旷辽阔的国度。作为一个移民国家，"马赛克文化"体现了其多元的文化特征，但基督教文化仍是其主要的文化脉络和文化根基。了解了这些，其思想和性情是否基本上就可据此延伸开去了？从一片土地到另一片土地，首先遭遇的是文化的碰撞，不同的历史、不同的环境、不同的文化造就了不同的思维方式、思维倾向和行为习惯。初抵枫叶之国，从排队结账时因离别人太近而受到敌视，雪莉感受到这里的隐私权凌驾于道德之上；从两次考驾照失败，她意识到这里对交通安全意识的注重高于对驾驶技术的强调；从一朋友因将不满12岁的儿子独自留在家中而遭遇邻居报警，她了解到加拿大的法律要比中国严格许多……

正如雪莉在书中所写，留学生在加拿大深入交往的范围基本还是局限于华人的圈子，华人与西方人之间始终有着一道看不见的樊篱。

这原本也在情理之中。文化的认同，是心灵的认同，而有些东西或许早已在各自的心灵和血脉中根深蒂固，不易改变。作为一个外来者，即使入乡随俗，也需要一个过程。再加上语言的障碍，华人在加拿大，要比本土的加拿大人付出更多

自然卷：安然，安在

的代价和努力，而且来到这里，意味着很多东西都要"清零"而重新开始，比如要为取得本土学历而回炉再学习，要为谋一份职业四处奔波而焦虑，同时还要忍受身在异国远离亲人朋友的孤独和落寞。然而有得必有失，有失必有得，更多人是抱着希望怀着梦想才踏上这片土地的，或为了事业，或为了家庭，或为了下一代的教育，很多人是在权衡了各种利弊之后才做出了移民的选择的。在书中，作者以单独一章记录了身边朋友的生活状况和生存状态，情况不尽相同，然而既来之则安之，每个人都在为"幸福"而奋斗。

而我，只是去旅游。届时希望冲破文字先入为主的印象，获得更加感性和鲜活的感受。

（《印象加拿大》，雪莉著，中国铁道出版社，2013年9月第1版第1次印刷）

2015年6月14日、15日

让心灵接近"诗意"
——读陈瑞琳《家住墨西哥湾》

读《家住墨西哥湾》，本来我想满足自己对于墨西哥湾的好奇，但作者的行迹更多是在墨西哥湾之外，包括她的故乡——中国的西安、云南、北京、上海等。也许真的应了那句话，出发就是为了回归吧。

慢慢读下来，哦不，实际是在接触她文字的一刹那，我便感觉到那言语的丰盛，以及丰盛之中不加掩饰的流丽——是的，中文系毕业并曾于大学中文系执教的作者自是有着不浅的文学功底，所到之处，引经据典、驾轻就熟，然而，正如我不太喜欢太过精巧的东西，太多的堆砌之后，又总觉得少了一些切肤的感觉，因此坦率地说很多的文章读过之后，并未给我留下太过深刻的印象。

散文，是沉到心底的一种语言，是心灵中激发和漫溢出来的执着歌音，任何的沉浸都是单一而专注的，太多的旁征博引会肢解散文里的那一份真诚。

倒是在书中从她拜访的一些作家那里，我意外地获得了些共鸣，比如她将自己的散文送给贾平凹时贾平凹说的一句话："散文是心的写作，天地贯通的人才能写出好散文。"这话语刹那间穿透了我的心灵，不仅让我体会到语言的深度，更让我体会到人生的深度。人与文，文与人，本是一体，相生相长，相融相合，我知道平凹先生的表述已经超越了散文——散文的本质不是散文，是一个生命鲜活的实体，用生命去写的散文才是真正动人的散文——因为那不是散文。散文在至真至深至诚处是分不出人与文、文与人的，是没有人与文、文与人的。

那是一种境界。任何卖弄技巧的东西都不深刻、不隽永。

想起前两天在北京广播电台"读书俱乐部"的直播间里跟大家分享我的新书《那些人》时主持人宏玖问的一句话："你是怎么写出来的？"我说我不是刻意写出来的，那就是我的生活，就是我生活的一部分、生命的一部分。为了书写而书写，是我从未想到过的。在书中，有教授，有父母，有朋友，有乞丐，有电视台的制片人，有天桥上卖小商品的大妈，有性情爽朗的出租车司机，有无家可归的流浪者，那就是我看到、感受到，曾经激起我那一刻的情感并无形中浸入了我生命的实实在在的生活和情感，而且在我的眼里和心里，没有"身份"，没有"角色"，只有美，只有人性深处的至真与至美，唯有它激起我生命深处强烈的感应。对照平凹先生的话，"天地贯通"我还远远达不到，那需要怀着谦卑之心不断地修行和感悟，但"心的书写"却离我那么近、那么近。

第二辑　徘徊，于寻梦的路上

平凹先生还说："最不像作家的人才是真正的作家。"自然、本色、洒脱、通透，不事雕琢，了无心机，不也是人生的一种大境界吗？

还有刘再复，他说自由是一种自觉，亦给了我很多启示。这话语充满了人生哲理：自由不等于放任，真正自由的人，在自由的表象之下，大概都是慎独和自律的，都有着一种"能够管好自己，可对自己发出责任命令的自觉"。正是这灵魂的自觉，支撑着他于蓝天之上自由地翱翔，了无挂碍地飞跃——我想，这应该是幸福、高傲的灵魂共有的特征。

总之，我个人的感觉是，在这本书中，后面的文章比前面的游记要更好看一些，虽然我也不完全同意作者的观点，比如她说："文学，是来自生存苦闷的艺术。"我在旁边批注："不尽然，生命更是欢歌。"她说："写作的人心里都有困惑的'结'。"我在旁边批注："不尽然啊，亲。"当然，阅读，也是对话，当她说："作家们如何跳出现实的囹圄，让充满苦难的文字，真正地走入'诗意'，靠近文学的'审美'，这正是当今海内外文坛所面临的共同课题。"我在旁边批注："只有心灵接近了'诗意'，文学才有可能走入'诗意'。"以更为开阔的视角扩展开来，"苦难"的人生与文字，难道就没有充满"诗意"的可能吗？任何一种真实的人生，都有着无限诗意的可能——这便是生之伟大。

开卷有益，在她关乎文章的点评中，我还是受到一些启发。比如当她谈到海外作家小说中的"大悲境界"，刹那间使我联想到：文学、艺术、哲学、宗教、人生，在最深处都是相通的。那是一种彼此融入，产生共鸣，交相辉映的美。

这便是阅读的快乐。

在这个部分中，她主要在倡导"新移民文学"，而这个概念对我来说是陌生的。

（《家住墨西哥湾》，陈瑞琳著，河北教育出版社，2009年9月第1版第1次印刷）

2015年6月22日

自在的行旅
——读詹宏志《旅行与读书》

谁说旅者的游记非得有知识有文化有内涵，高深无比？谁说知识、文化和内涵在某些时候不会成为自身和他人的羁绊和负累？让思绪融入每一个行旅的当下，跟随灵魂的律动徜徉于天地之间，浸染出一份或激荡或悠然的心境，是否更为接近纯粹和本然？过度的文明和附着，是否已使我们忘记或远离了世界本初的模样？最近读的几本游记或自然文学作品——《遥远的房屋》《普罗旺斯的一年》等，均给我这样的思考和启发，詹宏志的《旅行与读书》亦如此。

他的旅行，简单自然，和生活融为一体——品尝着当下的美食，欣赏着眼前的奇景，顺应着自己的想望，观照着自己的心情，全然是舒适的享受，不经意间还会获得一些意外的启示和灵感——还有比这更美妙、更惬意的吗？他的书写，也是这样自然而然地述说开去，话家常般地说出来，说出来……虽然出版之前，他也曾担心这些"絮叨"会不会因太过繁复而引起读者的厌倦，然而，不爱读厚书的我，400页的书不是也被我轻松愉快地读了下来吗？

通常，我们或许会自作深沉地刻意为我们的生活和行为找寻"意义"和"注脚"，然而，没有特定"意义"和"注脚"的许许多多个放松享受的时刻，难道不是生命更为美好的空间和内容吗？这是詹宏志的游记告诉我的。虽然它将旅行和读书仍然糅为了一体，但个人觉得其与严格意义上的"文化随笔"还是明显地区别了开来——这两类书写是各具风采的两种不同的风格和表达，读多了"文明""文化"构筑起来的文字，回到内心，回到当下，回到大自然和简单的生活当中，便是另一种清新、清丽的风景。

他的旅行是个性化的。虽然每一场旅行几乎都是"书呆子"般依照书籍按图索骥，虽然其中的很多书籍不排除是旅游手册，但他感兴趣的绝非旅游手册上的大众路线，有时候，是看到某个作家在书里讲到某个地方的动人故事，他便对那里产生了无限的神往；有时候，是在一本散文书里读到了某个如诗如醉的句子，美好的想象便再也挥之不去；有时候，是某本权威的美食指南介绍了一家风味独特的餐厅，从而触动了他的味蕾，使他难抵诱惑……他对得起自己，不失时机地给自己提供了机会和便利，使自己时而行走在因特拉肯无人的雪崖之间，时而穿行于印度喧闹繁华的街边市井，时而乘坐四人的小飞机前往博茨瓦纳的奥卡万戈沼泽地营区，时而像爱斯基摩人那样驾着独木舟泛舟于阿拉斯加的大海之上……随心随性地去践行自己读书和旅行的理想和理念。他为自己设计的每一个旅程都是迷人的，于阅读的刹那，我忍不住又膨胀出了许多的欲望——我要旅行！我也该出去走走了！读书不能替代旅行，每个人的旅行都将载满属于他自己的独特记忆。经过了一番游历之后，他不再仅仅是"读懂"了文本，而是"经历"了文本，那是截然不同的。

  旅行使人心胸开阔。正如车子行驶在空旷的阿拉斯加野外时詹宏志所发的感慨："自然大地的巨大尺幅让你心情既开朗又悲伤，开朗是因为领悟到尘世之上其实无事值得争执，悲伤是因为意识到个人存在的微不足道与蜉蝣人生的短暂局促。"于某一个瞬间，旅行总是让我们看见、看到，使我们融入更阔大的意象和场域，并使我们豁然开朗。而每个人的旅行又都是属于他自己的，带着他自己独特的印记。詹宏志的朋友詹朴在序言中说："旅行是孤独的人在寻找不孤独的方式，旅行是不孤独的人在寻找孤独的方式。"这话在我看来很富哲理。

  每一段旅程无疑都会邂逅有趣的人，经历难忘的事——个性化的旅程尤其如此。在印度，一介书生的詹宏志无法抵挡一个以古波斯文吟诵奥玛·开俨诗歌的地毯商人，瞬间被带入一片"迷人""迷幻"的气氛中，以超高的、被朋友视为"上当了"的价格买来商人的两张地毯——他不能抵挡的，是艺术和美的诱惑，亦是内心里的那一份悄然滋生的书卷气——文学、诗歌渲染出的纯美气场，谁，哪个书生能够抵挡呢？再

自然卷：安然，安在

看摆在眼前用传统工艺手织的地毯，散发着含蓄圆润的光泽。"中央有六个方格，每个方格里织有不同的植物造型和伊斯兰典型的'生命树'图案，边上饰有不同式样的框线，框中还有对称的树叶与花草，颜色则有金色、银色、咖啡色，加上各种层次的绿色……"单听描述，是否就已是异常迷人了呢？而在阿尔卑斯山，他却被一本"害人的"旅游指南带入一片进退两难的雪山险境，在希望和绝望之间几度挣扎出来之后，书呆子的他才幡然领悟到：尽信书不如无书。

　　有趣或难忘的人和事，于不可知的旅途中丰富着我们的想象和人生。他的书写与际遇，引发了我太多的共鸣。尤其是读书的部分——大概世上的书生或"书呆子"有着共同的品格，除了我不像他那样严格地按图索骥、带着旅行指南中的图片去与现实场景对照之外，那份心情是何等的相通和相似。阅读，是旅行不可缺少的一部分。虽然不会像他那样背着满满当当的书籍上山下海（我担心自己承受不了那样的分量），但我也常会带上够读的两三本、三五本书启程。读书与旅行，仿若天然的"绝配"。而旅行的部分，佛罗伦萨、因特拉肯、罗马、东京、台北、托斯卡纳，当这些或曾于书中邂逅或经实际体验的名字不时跳入眼帘，均因亲身经历或神遇遭逢而带有了一种亲切感。难得的是这份熟悉与共通。虽然，和詹宏志的随心所欲相比，我不多假期里的跟团旅行常常是浮光掠影、走马观花，中规中矩的行程里常常缺少了一份男性的冒险和刺激，但无论如何，出去走走，也胜过单纯读书的"隔靴搔痒"

和"雾里看花"。读万卷书，不能替代行万里路。詹宏志说："去过托斯卡纳之后，再读《托斯卡纳艳阳下》我会有不同的理解；去过罗马之后，当我再读到有人说：'问起罗马司机哪一家餐厅的面食最好，每位司机都有他们独到的名单和见解，但是最好的面食恰巧是他妈妈的秘方。'"你会忍不住露出会心的微笑。这是自然而然的，阅及此处的我也露出了"会心的微笑"。詹宏志说，有一日，当他再度"回到"日本东北旅行时，他得到了如此的感悟：所谓的"凡走过必留下痕迹"，原来指的不是行走者会留下印记，而是说"被走过的"会在旅行者身上留下不可抹去的痕迹……是的，那些走过、看过的地方，因着记忆、思考和真实的碰触，已然成为生命不可抹去的一部分。

不知为何，他的旅行，读来总有影影绰绰似曾相识的感觉。在书的某一页，游历了一天之后，一觉醒来，詹宏志说："清晨时分，我全身仍旧酸疼，但精神抖擞，坐在阳台的铁桌前看书写稿。"书写，是他旅行的一部分。然而读到这里，我不禁在书页的旁边画了个笑脸儿："比我猫在洗手间写字强多了。"我想起前年在因特拉肯，在佛罗伦萨，在罗马，在巴黎的旅馆里，每日清晨醒来，怕开灯影响女儿休息而躲到洗手间里书写当天的感受和见闻……所以，这场面我并不陌生。

书不错，是梁小民先生在电话中推荐的。只是不知何故，前后的段落篇章之间有大段的文字重复，不下三处——嘿嘿，

自然卷：安然，安在

是被高科技的粘贴、复制搞乱了吧？读到此处，仿佛看到这老哥儿在计算机屏幕前一番贴贴补补、手忙脚乱的样子……

（《旅行与读书》，詹宏志著，中信出版集团，2016年8月第1版，2016年11月第3次印刷）

2016年12月28日

给未来，留下些动人的故事
——读齐如山《北平杂记》

北京是一个迷人的城市，旧时的北平亦如是。林语堂在《迷人的北平》中说："无论是什么人——不问是中国人、日本人，或是欧洲人——只要他在北平住上一年以后，便不愿再到别的中国城市去住了。"在北京待了23个年头，北京的故事听了一些，还有许多听不完的情节；北京的书籍读了一些，而它们还在不断呈现出新的内涵。齐如山的这本《北平杂谈》，绕开世人皆知的历史，依照个人化的记忆和见闻，讲述老北京已经消失或正被遗忘的岁月风情。

依据随父亲上朝的经历和亲友的讲述，他写紫禁城内前清皇族的生活和皇帝上朝的情形，写那些被赐予穿朝马褂或未被赐予穿朝马褂每天从不同城门进入的当差者；写他的父亲和其他各级上朝的官员一样，半夜一点起来赶至东华门外，于上朝前在大街的饭摊或小饭铺里吃些甜豆浆、小油炸果。"我随先君上朝两次，都是在大街上吃的，一次吃的豆格，乃用绿豆面所制，亦颇适口，此食只北平有之；一次吃的烧饼馄饨。"昔日情形，历历在目。间或他还写及皇帝的身边侍卫在心态放松时偶跟皇帝开玩笑的情形，总之于威严的印象之外，写出了人之常情。

围绕皇家的起居和出入场所，他写到皇帝狩猎的"南海子"——南苑，避暑的圆明园、颐和园和位于承德的行宫避暑山庄，每一处都讲出关于光绪、康熙、乾隆、西后等的许多典故和传说……从皇家到民间，从城里到城外，写到北平可供游览的各处风光，以及达官显贵与平民百姓各自不同的休闲娱乐方式，从天坛地坛日坛月坛先农坛、太庙文庙雍和宫，到后海、高庙、泡子河，再到南口大觉寺、妙峰山、八大处，或茶余饭后公园小憩，或兴致盎然骑驴上山，均是一番闲适自足的情调。而根据不同的布局，同一城中，又显示出不同的文化特点和人文风情，如因东城多仓库、西城多王府而有"东富西贵"之说，等等。

他特别忆及了北平平阔的街道，方正的城墙，如今已经不见的石头路和少有的开阔格局，这个"使人留恋不忘的大城"，即使在后来扩建改造之时，也鲜有以拆房来拓宽道路的情况发生。与世界其他大都市相比，北平独具魅力。在齐如山看来，"世界上最坏的城池是纽约、伦敦等处，一年见不到几次太阳，每日见太阳的时间不过一两个钟头，其余时间都被高楼遮住"。北平则不然，具有七八百年建都史的北平古城道路平直开阔，以四合院著称于世，通透大气，至今令人称道，为国内外其他城市无法比拟。"中国的城池,多是房多树少,败落的古城,如几十年前之南京等,则虽有平地树木,而房屋不够了。再者西洋各城,虽也有树木,但除公园外,只有大街两旁之行树,这种为数太少;北平则大户人家,院中都有几株老树,所以树木特别显多,景致美丽。"不但美丽,四合院内还颇具生气,所谓"天棚鱼缸石榴树,先生肥狗胖丫头"是也。

写到城墙,他说:"北平之城,当然是世界中唯一特殊的一个城。在各国之都城,比它大的当然有几处,但没有这样齐齐整整的城墙。""总之像北平这样完整者,实不多见。诸君若想知道祖国的建筑,及千八百年以来的文化等等,只有到北平还可以看到完全的情形。"读到这里,心中生出一丝复杂的情愫,透过京城灰蒙蒙的雾霭天,放眼远眺,我禁不住想问:"那'齐齐整整的城墙'和那个完完整整的北平,在哪儿呢?"此时,我的脑海中浮现出梁思成先生在为保留北京城墙奔走呼告的那些日子里描写的北京城墙:"城墙上面,平均宽度约十米以上,可以砌花池,栽植丁香、蔷薇一类的灌木,或铺些草地,种植草花,再安放些园椅。夏季黄昏,可供数十万人纳凉游息。秋高气爽的时节,登高远眺,俯视全城,西北苍苍的西山,东南无际的平原,居住于城市的人民可以这样接近大自然,胸襟壮阔。还有城楼角楼等可以辟为陈列馆,阅览室,茶点铺……古老的城墙正在候着负起新的责任,它很方便地在城的四周,等候着为人民服务,休息他们的疲劳筋骨,培养他们的优美情绪,以民族文物及自然景色来丰富他们的生活。它将是世界上最特殊的公园之一——一个全长达39.75公里的立体环城公园！"在皇城根遗址，我只见过街边一角被后人象征性地用城砖垒砌起来以供缅怀的"假"城墙，以及在遗址的公告牌上书写的说明性文字。看来，今天我们想望城墙，只能靠幻想了；幻想之余，禁不住发出和梁思成先生一样的追问："是这样的北京城门，是这样的北京城墙，为什么要拆？"而一切均已成为历史，唯留余叹，不可更改。

齐如山还写到北平的商家，写到北平的饭庄、商铺，写到商人和政客在饭馆子里相遇的微妙心理、饭铺掌柜欢迎商界不欢迎官场的任性态度，以及彼时北平的世态人情。淳朴厚道的民风是最值得称道的一道人文风景线。话说同治末年，北平有名的银号"四大恒"之一的恒和银号关门歇业，但它有许多银票在外边流通着，一时收不回来，当时又无处登广告，于是就在半张梅红纸上印出该号歇业、提醒人们兑换银票的告示，在街道和各城镇张贴。但仍有许多票子未能收回，为了信用必须候人来兑，等了一年多，还有许多未回，不得已，恒和银号在四牌西边路北，租了一间门面房，挂上了一个钱幌子，不做生意，专等人来兑现。如此等了20年，恒和银号在光绪庚子年间才关门。这个故事令人惊讶，它同时让我想起老字号同仁堂类似的感人经历。许多的老字号之所以做得长久且令人尊敬，正是因为它们恪守信用和商业道德，视之如生命，而这，正是最需要被继承的老北京精神吧！作者的感慨发人深省，他说："请问现在还有这样的铺子没有。"

北平杂谈，杂谈北平，今天，让我们继承优秀传统，多留下一些动人的故事给未来吧！

（《北平杂记》，齐如山著，当代中国出版社，2015年9月第1版第1次印刷）

2016年8月5日

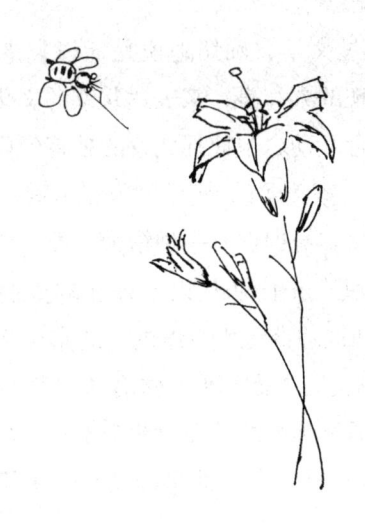

北京，我爱的城
——读赵园《北京：城与人》

这是一个研究课题，但又不是严格意义上的研究课题，结合了学术，而又始于兴趣，因此读来厚重但不枯燥。尤其是写北京，这座让许许多多人魂牵梦绕、不舍不弃的历史古城，更使它多了一重魅力。

赵园先生通过文学，确切地说是通过以老舍为代表的京味儿小说中所呈现的人和事，来表达北京的文化性格，在城与人、人与城的融合互动之中捕捉北京的独特气质。

北京的确是一座美丽的城。"如果说有哪一个城市，由于深厚的历史原因，本身即拥有一种精神品质，能施加无形然而重大的影响于居住、一度居住以至过往的人们的，这就是北京。"在陈平原和钱理群先生主编的《北京读本》一书中我们看到，老舍、周作人、梁实秋、林语堂、黄裳、王世襄、冰心、鲁迅，都曾通过笔下的散文对北京寄予了各自的热爱，老舍的《想北平》、周作人的《北平的茶食》等均透着浓郁的北京风味儿，那是只有在北京才能品味到的。

赵园先生在她的《北京：城与人》里则将目光转向了京味儿小说，自老舍而至邓友梅、刘心武、韩少华、苏叔阳、汪曾祺、陈建功，她对"京味"以及京味儿小说家的作品——做了分析，作家、作品以及作品中的人物彼此交融、遇合，共同烘托出北京的文化气质和文化形象。"他们创造了'艺术的北京'，自身又或多或少是北京的创造物；在以其精神产品贡献于北京文化的同时，他们本人也成为这文化的一部分。"在她看来，北京作家写的作品不一定就是京味作品，写北京的作品也不一定都有京味，"京味是由人与城间特有的精神联系中发生的，是人所感受到的城的文化意味"。"土生土长并不就能天然地把握一种文化精神，而越是较有深度的文化精神，越有可能被闯入者所把握，条件之一即是对于文化形态的比较认识。文学作品的地方性所要求的首先是真正作家的资质禀赋，作家感受个别性的那种能力。"

然而在所有京味作家中，老舍显然最具代表性。"作为训练有素的小说家，成熟的北京人，老舍的文化–审美价值系统无所不在。"赵园以较多的笔墨对老舍作品的京味品性及其乐而不淫、哀而不伤的中和之美和精神气质做了深入解读。这是赵先生的研究课题，无法一言以蔽之，因此不作赘述，但她指出："北京属于幸运者，它为自己找到了老舍。同样幸运的是，老舍也听到了这大城的召唤，那是北京以其文化魅力对于一个敏于感应的心灵的召唤。"老舍所写内容之外，邓友梅作品中

自然卷：安然，安在

陶然亭遛早的北京老人以及八旗王公贵族的后人们，刘心武钟鼓楼下的胡同和形形色色的胡同人家，陈建功的辘轳把胡同和豌豆街办事处文化活动站，都流动着鲜活的北京韵味和京味作家在兴趣上的彼此相通。

北京有着独特的审美气质。"中国现代文学史提供的城市形象中，北京形象无疑具有较高的审美价值：最完整，被修饰得最为光洁的'城市'。现代作家也以大量笔墨写上海，那形象是芜杂的，破碎且难以拼合……从现代到当代，文学关于上海，始终在发现中。文学关于北京，却因认识的趋近与范本的产生而易于保持美感，形成彼此间的美感统一。"京味作品所呈现的北京是"拒绝赶时髦的近乎古典风格和传统心态的文学品格，以及了解自身局限基础上更加成熟稳定的自信"的北京。北京是一个从审美的视角得来的"光洁的城市"，有着宁静的文化气质。当然，如赵园所说，这种近于纯净的美感境界，某种程度上也缘于作家们的"有所不写"——"由老舍到当代京味小说作者，往往避写丑的极致，甚至避写胡同生活中的鄙俗气，比如市侩气；基本不写或不深涉政治斗争；不深涉两性关系，极少涉笔性意识、性心理，等等。"一贯的心性或修养使然，他们仿佛时刻做着"保持美感的努力"，笔下所写也是"一个提纯了的世界"。

同时，北京又是一个介于雅俗之间、深具生活气息的、人世的地方。"北京拒绝抽象，它似乎只能活在个体人的生动感觉中。"也许正因如此，它才吸引了那么多人栖居于此吧。"'世俗化'本是清末贵族文化的基本流向，'以俗为雅'更有禀赋优异的旗人的文化性格与文化姿态。普通北京市民，'住在万岁爷的一亩三分地上'，没吃过猪肉也见过猪跑（《烟壶》），濡染既久，无师自通，便于以俗雅间的调和作成自身气度。""亦游戏亦认真，亦世俗亦风雅，既实用又艺术，介在功利与非功利之间——懂得这'亦'，这'之间'，才懂得北京人。"北京是富有层次感的，普通市民的北京之外，还有过晚清满汉贵族的北京，民国初年阔人政客的北京，至今仍有着大学城、知识分子聚居的北京。这不同的层次，堆叠出北京丰富的文化气象。而京味小说作者所取，则往往介于雅俗之间。"北京的文化魅力，固然在崇楼杰阁，在无穷丰富的历史文物，却也在普通人极俗常的人生享用。这里或有更亲切更人性化的北京文化。"优秀的京味小说作品以俗为雅，体现"平民化的知识分子趣味"，如赵园所说："能在坛墙根儿、槐树小院得到审美满足，必是更有'文化'的人吧。"当代京味小说作者那入世近俗、以俗为雅、俗中见雅的文化趣味，与其他同时代作家显出若干区别。"即如老舍，在现代作家中，他从头到脚都是现世的、入世的，几无任何形而上的玄思，无郁达夫式的遁世倾向，极少浪漫情绪，难有超脱追求。他是个天生的现实主义者，较为狭隘意义上的现实主义者。"而现实之中，实际又有着某种超脱的气质。"北京人的精神追求虽不企求哲人式的高远，但那多少也可以看作对现实人生的超越，对生存的具体物质性的超越吧。"

京味作品通常还散发着这一方水土和这一方人的闲散安

自然卷：安然，安在

逸气质。也许是见多识广的缘故，皇城根下的北京人有着特有的淡定从容，从民间吃喝和诸多自娱自乐的方式就可见一斑，熬鹰遛鸟放鸽子斗蟋蟀，没有一样不玩得专业痴迷，像王世襄老先生，整个一玩家，为此还有诸多作品问世。北京人的这些娱乐"非关政治，非关利欲，乐的首先是自个儿。因而北京大小公园才至今仍如《北京人·二进宫》所写的那一景，无论唱曲的还是听曲的都一派悠然，最风头的行为偏偏透出散淡神情——也最是北京人的风神"。正如赵园所说："虽然不能说闲暇的北京人更是北京人，北京文化的造成却的确更赖有闲暇以至逸乐。""北京人的某些消闲方式已被作为一种文化姿态，一种特定的文化表达式了。提笼架鸟绝非北京人的专利，却总像是由北京人来提、来架，才恰合身份似的。"这与讲求实利的上海文化截然不同，"这不是上海的交易所或弄堂所能造成的文化，不是那些讲求实惠的近代商业都会居民所能欣赏、认同的文化。他们要的是更实在的满足，决不如北京人找乐的不切实用。北京人也即以这'不切'显示着'大气'。用了老舍描写人物的话说，'自然，大雅'"。

"天棚鱼缸石榴树，先生肥狗胖丫头"，京味作品作为作家以文学而与北京发生联系的一种方式，其中的胡同、四合院以及邻里之间的往来应酬，透着北京这座大城无尽的人间烟火气，也透着北京人对于人事的通达、洒脱，和市民社会中素有的道德传统。四合院承载着"和合"的理想，构建起温暖和谐稳定的人际关系，其中既有北京人的温热心肠，也有北京人对于礼仪的注重和对分寸的把握，呈现着深厚的文化传统。"四合院的确是一种人生境界，有形呈现的人生境界，生动地展示着北京市民的安分、平和，彼此间的有限依存和有节制的呼应。"然而今天，这样的构型和观念正面临冲击，"传统的生活艺术及其所体现的审美的人生态度，遇到了追求实惠以及追求豪奢享受的社会心理的挑战"。"普通市民感受更直接的，是商业文化对胡同文化古朴人性的侵蚀，和对古老价值感情的嘲弄。""赤裸裸的利益打算在家庭关系中造成的裂纹，是不可能在短时期内修补的。"更无奈的是，今天的四合院正经历或面临被拆迁的现实，世代居住在此的北京人不得不搬进高楼大厦和钢铁水泥的建筑中，过起关门闭户的生活，昔日的街坊邻居也已作四散状。赵园说，商品楼取代四合院，注定成为"影响深远、最终改铸北京文化性格的重大事实"。"居住方式、居住环境的改变，终将改变北京人的生活方式，尤其人际关系、人际交往形式——这胡同文化中最足自傲的部分。"告别传统和世代依托的土壤，总归会有许多的伤感。

在对北京文化的诠释和梳理中，赵园还特地提到北京话。"北京话完成着北京文化，同时又像是这文化、这人文面貌的漂亮装潢、醒目标签。它本来也的确是这文化中最易于感知的那一部分。"她提到北京话既实用又非纯粹实用的特点，恰合了北京文化的特点，北京人的文化优越意识很大一部分也体现在语言中。"近代史上的上海虽然如暴发户般地珠光宝气，以致把京都都衬得更加破落，北京却依然有上海挟其经济实力终

·187·

不能胜过的优越地位。政治文化的大题目姑且不论，单是上海话就绝不可能取得有如北京话的'官话'地位和其普及性。"京味作品中的人物向来少不了"说"和"侃"，那是日常生活，也是艺术。

城与人，人与城，"文学永远在提供着文学以外的记述、勘测、考证等等所不能提供的东西，即活生生的'人的世界'，这世界的丰富性、其中蓄有的感性力量"。"城即人。只有在文学发现了'人'的地方，才会有'城'的饱满充盈。"赵园说："人与城年复一年地对话，不断有新的陌生的对话者加入。城本身也随时改变、修饰着自己的形象，于是而有无穷丰富不能说尽的城与人。"

是的，北京是一座活的城。

来自五湖四海的多元文化的注入与融会，使北京文化在沿袭传统的基础上不断丰富和扩展，与此同时，也使它具有了独特的包容气质。置身其中的人们互不扰攘，各得其所，获得了心灵和精神的自由，北京也成为他们一致钟爱的城。蓦然回首，我来京城不觉已经23年，就长度而言，已能和故乡相抵。作为我最爱的城，它早已注入了我的生命，成为我人生不可分割的一部分。

（《北京：城与人》，赵园著，北京师范大学出版社，2014年7月第1版第1次印刷）

2016年10月15日、16日